**아이의 두뇌를 자극하면
성장이 달라집니다**

AMERICA SAISENTAN IRYO NO JISSHO 1 NICHI 2 FUN!
NOUKAN WO KITAEREBA KODOMONOSAINO HA DONDON NOBIRU
by Ryoko Homma, Ryusuke Homma
Copyright© Ryoko Homma, Ryusuke Homma
All rights reserved.
Originally published in Japan by SEISHUN PUBLISHING CO., LTD., Tokyo.
Korean translation rights arranged with SEISHUN PUBLISHING CO., LTD., Japan.
Through Lanka Creative Partners co., Ltd., Japan and Eric Yang Agency, Inc.

이 책의 한국어판 저작권은 에릭양 에이전시를 통한 SEISHUN PUBLISHING CO., LTD.와의 독점 계약으로
㈜서울문화사에 있습니다. 저작권법에 의해 한국 내에서 보호를 받는 저작물이므로 무단 전재와 무단 복제를 금합니다.

뇌과학자가 알려 주는 **하루 2분 육아법**

아이의 두뇌를 자극하면 성장이 달라집니다

혼마 료코, 혼마 류스케 지음 | 명다인 옮김

서울문화사

한국 독자들을 위한 저자의 글

아이들 안에 잠들어 있는 재능과 빛은, 환경이나 교육만으로는 충분히 끌어낼 수 없는 경우가 있습니다. 그 열쇠 중 하나는 바로 '원시 반사'입니다. 아기 시절의 무의식적인 반응이 성장한 후에도 뇌에 남아있는 상태를 말합니다.

예를 들어, 집중을 잘하지 못하거나, 가만히 있지 못하거나, 앉는 자세가 바르지 못하거나, 읽고 쓰는 데 어려움을 겪는 아이들의 경우, 아직 통합되지 않은 원시 반사가 원인일 수 있습니다.

저희는 일본에서 뇌간에 남아있는 원시 반사에 접근하는 '뇌간 트레이닝'을 통해 많은 아이들이 정신적으로나 신체적으로 안정을 되찾고, 학습이나 운동, 감정 발달에 있어서 놀라운 변화를 경험하는 모습을 보아 왔습니다.

이 책에서는 부모와 아이가 함께할 수 있는 간단한 동작과 놀이를 통해, 뇌의 기초를 다지고 아이 본연의 힘을 이끌어내는 방법을 소개하고 있습니다.

한국의 아이들은 미래를 짊어질 소중한 존재입니다. 작은 아이디어와 매일의 작은 습관이 아이들의 재능을 북돋아 줄 수 있다는 것을 저희는 진심으로 믿고 있습니다.

혼마 료코, 혼마 류스케

이 책에 대한 추천의 글

영아의 발달에 있어 원시 반사는 단순한 신체적 반응을 넘어, 아이가 세상에 적응해 나가는 첫 번째 신호입니다. 이 책은 생후 24개월까지 뇌간에 남아있는 다양한 원시 반사에 대해 심도 있게 다루며, 각 반사가 아이의 신체적·정서적 성장과 어떻게 맞물려 있는지 구체적인 근거를 통해 명확하게 보여줍니다.

특히 모로 반사나 파악 반사, 갈란트 반사와 같은 뇌간의 기능이 학습이나 운동 조절과 같은 고위기능과 밀접하게 연결되어 있음을 강조하는 점이 인상적입니다. 전통적으로 심리학에서는 뇌간의 다양한 반사와 관련해서 기질의 역할이라고 생각을 해왔습니다. 기질은 아이가 타고난 성향이자, 세상과 상호작용하는 방식의 기초가 되기 때문입니다.

이 책은 아이의 기질이 어떻게 원시 반사와 함께 발달 과정에 영향을 미치는지, 그리고 부모가 이를 어떻게 이해하고 지지할 수 있는지에 대한 실질적인 통찰을 제공합니다. 특히 미국 발달장애아 바이오로지컬 치료학회에서 다양한 통합 치료를 토대로 임상 클리닉을 운영해온 저자의 경험이 빛나는 책이라고 할 수 있습니다.

아이가 세상을 안전하게 여기고, 신뢰를 형성할 수 있을 때, 아이가 가진 잠재력은 더욱 폭넓게 꽃을 피울 수 있습니다. 이 책은 단순히 지식을 전달하는 데 그치지 않고, 부모와 전문가 모두가 아이의 발달을 따뜻하게 응원하고 지지할 수 있도록 돕는 실질적인 지침서입니다. 아이의 작은 움직임과 반응 속에 담긴 의미를 발견하고, 아이와의 소중한 순간을 더욱 깊이 있게 이해할 수 있도록 이끌어줍니다. 신생아와 영아의 발달에 관심이 있는 모든 이에게 이 책을 진심으로 추천합니다. 아이의 잠재력이 안전한 환경과 사랑 속에서 더욱 빛날 수 있도록 도와주는 이 책이 많은 부모와 전문가의 길잡이가 되길 바랍니다.

수인재두뇌과학 수석소장 이슬기

> 프롤로그

아이의 능력은 '뇌간'으로 끌어낼 수 있다!
집중력·운동 능력·도전정신은 부모와 많이 놀수록 높아진다

얌전히 앉아 있지 못하는 아이, 다른 사람의 이야기를 끝까지 듣지 못하는 아이, 덜렁거리는 아이들을 보며 부모님들은 '우리 아이는 왜 이렇게 집중력이 없지? 어쩌면 좋지?' 이런 생각이 듭니다. 그러나 "얌전히 있어야지", "이야기를 집중해서 들어야지"라고 여러 번 꾸짖어도 별 소용이 없습니다.

   부모들은 아이를 키우며 이런 행동에 걱정을 많이 합니다. 어쩌면 이런 행동은 이 책의 주제인 **'뇌간'에서 비롯된 문제로 아이의 잠재력이 빛을 발하지 못하고 묻혀 있을 가능성이 있습니다.** 이게 무슨 말일까요? 다음 체크리스트를 보고 평소 자녀의 행동에 해당하는 항목에 표시해 보세요.

| 아이의 뇌간 체크리스트 |

- ☐ 어수선하고 집중력이 오래가지 않는다.
- ☐ 금세 늘어져서 자세가 흐트러진다.
- ☐ 칠판에 써 있는 글씨를 필기하기 어려워한다.
- ☐ 발음이 정확하지 않다.
- ☐ 다른 사람의 이야기를 듣지 않는다.
- ☐ 산만하다(식사나 수업 중간에 돌아다닌다, 얌전히 앉아 있지 못한다).
- ☐ 손동작이 섬세하지 않다. 젓가락이나 연필을 제대로 쥐지 못한다.
- ☐ 친구 사이가 좋지 않다(다툼이나 갈등이 자주 있다).
- ☐ 밥알을 흘리면서 먹는다.
- ☐ 성급하고 부주의한 실수를 많이 한다.
- ☐ 작은 일에도 깜짝 놀란다(소리, 빛 등).
- ☐ 긴장을 잘한다. 몸이 바로 얼어붙는다.
- ☐ 셔츠 뒤에 붙은 태그를 싫어한다. 자동차 안전띠를 싫어한다.
- ☐ 힘없이 걸어 다녀 의지가 없어 보인다.
- ☐ 운동을 못한다.

표시한 항목이 3개 이상이면 아이의 능력이 빛을 발하지 못하는 원인이 뇌간에 있을 가능성이 있습니다. Part 1에서 자세하게 설명하겠지만, 아이의 능력에 관여하는 '원시 반사'(본래는 성장 및 발달에 따라 사라지는 반사적 움직임)가 여전히 남아있기 때문입니다.

그리고 이를 알게 된 지금이 바로 아이의 능력을 키울 절호의 기회입니다. 아이는 원시 반사를 사용해 잠재된 능력을 발휘하려 합니다. 지금까지 단점으로 보였던 행동들이 오히려 장점이 되기도 합니다.

미국 MAPS의 최첨단 치료법에서 탄생한 '훈련법'

우리는 가나가와현 가와사키시에 클리닉을 열었습니다. 이곳에서 십 년 전부터 '부신 피로(Adrenal Fatigue) 외래 진료'를 보기 시작했습니다(부신 피로는 나중에 설명하겠습니다). 이 무렵부터 우리 부부는 종종 미국을 오가며 최신 정보를 교환하고, 그것을 날마다 공부했습니다. 이 과정에서 자폐증 등의 뇌

문제에도 치료의 효과가 나타났습니다.

그 덕분에 주된 치료 과목은 아니었지만, 그레이존(발달 장애 진단을 받진 않았지만, 경계에 속한 사람-옮긴이)을 포함한 발달 장애 아이들이 점점 많이 찾아오게 되었습니다.

우리 부부는 이 치료를 더 배우기 위해 미국을 여러 번 오가며 경험을 쌓았고, 그 결과 일본인으로는 최초로 '미국 발달장애아 바이오로지컬 치료학회(Medical Academy of Pediatric Special Needs : 통칭 MAPS) 전임의'를 부부가 함께 취득하게 됐습니다. 이 학회는 전 세계에 발달 장애아를 위한 최첨단 치료법을 보급하는 의학 조직으로서, 학습 장애, 자폐 스펙트럼, ADHD(주의력결핍 과다행동장애) 등 발달 장애 치료에서 높은 성과를 내고 있습니다.

우리 클리닉에서는 미국에서 배운 지식을 단순히 적용하는 것을 넘어, 우리나라의 풍토나 특징을 반영하고 응용해서 진료했습니다. 나아가 올바른 식생활과 생활 환경을 지도하고 영양까지 챙기며 성과를 냈습니다.

그러던 와중에도 한계를 느낀 순간이 있었습니다. 눈에 띄게 좋아지는 아이도 있는가 하면, 더딘 아이도 있었기 때문입니다. 이 차이가 무엇인지 고민하던 때 '원시 반사(뇌간 훈련)'를 알게 되었습니다.

초반에는 진료가 없는 토요일과 일요일에 아이들을 모집하였습니다. 클리닉 회의실에서 아이들과 부모님들에게 뇌간 훈련을 수업했습니다. 성실하게 훈련한 아이들은 정말로 효과가 있었습니다.

발달 장애가 있는 아이가 일반 학급으로 이동하였고, 그레이존에 속했던 아이는 증상이 사라졌습니다. 이뿐만이 아닙니다. 학습 능력도 월등히 개선돼 좋은 학교에 입학한 아이도 있었습니다. 다른 무엇보다 부모와 아이가 웃을 수 있어 뿌듯했습니다.

그런데 수업할 시간이 없을 정도로 클리닉이 점점 바빠졌습니다. 때마침 알고 지내던 퍼스널 트레이너 선생님이 아이들을 위한 운동 교실을 열었다는 이야기를 듣고, 아이들 집으로 방문해 뇌간 훈련을 가르쳐 달라고 부탁드렸습니다. 그러자 아이들의 능력이 놀라울 정도로 꽃피우기 시작했습니다.

다른 아이들도 더 많이 이 훈련을 하면 좋겠다고 생각하던 찰나, 어린이 운동 교실을 운영하는 한 선생님과 인연을 맺게 되어 스퀘어 클리닉에서 가르치는 운동을 방과 후 수업에 도입했습니다. 그 결과, 진료실에서 만나지 못한 아이들이 운동 능력은 물론 학습 성과도 좋아지는 사례가 계속해서 나오고 있습니다.

하루 2분, 간단한 놀이로 재능이 발휘되는 놀라운 결과

뇌간 훈련이라는 말을 들으니, 매일 죽을힘을 다해 고도의 훈련을 통과해야 한다고 생각하나요? 실제로는 "이것만 해도 돼?"라는 의문이 생길 만큼 간단한 훈련입니다. 게다가 하루에 딱 2분이면 충분합니다.

  뇌간 훈련의 효과는 단순히 아이들의 어려움만 해결하는 것이 아닙니다. 아이의 타고난 능력이 100% 발휘되는 일도 많습니다.

  초등학교 1학년인 H는 이 훈련을 통해 크게 달라졌습니다. H에게는 뒤에서 설명할 원시 반사가 남아있었는데, 하루에 단 2분만 꾸준히 훈련했더니 순식간에 다재다능한 아이가 되었습니다. 수영할 때 호흡을 못해 가라앉기 일쑤였지만, 이제는 1,000미터를 40분 만에 헤엄치고, 계산 실수가 잦았던 주산은 6급을 따냈으며, 짧은 시간 동안에도 집중력이 높아져 영어 단어시험을 한번에 합격하는 쾌거를 이루었습니다. 또 글씨도 깔끔하게 쓸 수 있게 되었습니다(자세한 설명은 Part 3에 나옵니다).

"아이들이 성장하는 동안 '걸림돌'만 잘 없애주면 아이들의 잠재력을 비약적으로 끌어올릴 수 있습니다."

과거에는 뇌가 다 자라면 새로운 뇌세포가 생성되지 않는다는 게 정설이었습니다. 그런데 대뇌에 있는 기억을 관장하는 해마가 새로운 뇌세포를 생성한다는 사실이 밝혀졌습니다. 뇌세포가 새로 생성되어 결과적으로 대뇌에 자극을 준다는 이야기도 있습니다.

뇌간 훈련은 뇌간부라는 오래된 뇌와 관련이 있습니다. 뇌간부가 잘 발달하면 대뇌피질이라는 새로운 뇌에서 인간다운 부분이 개방돼 자유로운 발상과 깊은 사고를 할 수 있다고 보고 있습니다. 이것이 유연한 발상과 탁월한 집중력으로 이어지는 게 아닐까요?

애쓰지 말고, 놀이처럼 훈련하고 '변화'를 느껴보자

요즘은 부모와 아이들 모두 바빠서 하루에 10분도 시간을 내기 쉽지 않습니다. 하지만 전혀 애쓰지 않아도 됩니다. 아이들이 평소처럼 놀거나 일상생활을 하면서 자연스럽게 할 수 있는 훈련이기 때문입니다. 일상 속에서 습관처럼 자연스럽게 녹아든다면 더할 나위 없이 좋겠지요.

우리 아이가 힘들어하는 그 증상이 예전보다 좋아지거나 잠재된 능력이 빛을 발한다면 정말 멋진 일이겠죠. 그러나 저희에게 가장 큰 기쁨은 아이의 '어려움'의 원인을 알아내어 부모와 아이가 즐겁고 평온하게 지내는 것입니다.

'의욕이 없다', '겁이 많다', '예민하다', '산만하다', '손동작이 세심하지 않다', '친구와 갈등이 많다', '부주의한 실수를 많이 한다' 등의 어려움은 아이들 탓이 아닐지도 모릅니다.

그런데 부모가 이를 몰라서 지적하고 꾸짖는 바람에 아이의 자존감이 낮아지고 힘들게 살아갈까 봐 그것이 저희는 우려스럽습니다.

원인이 분명해지면 즐거운 마음으로 개선할 수 있습니다.

그러면 아이들도 의욕이 넘치고 성격은 물론 미래도 바뀔 수 있습니다.

　엄마, 아빠를 비롯해 주변 어른들도 우리 아이가 왜 힘들어하는지 알게 되는 계기가 되길 바랍니다. 이 뇌간 훈련을 통해 매일 놀면서 아이들이 긍정적으로 변화하는 모습을 부디 느껴보세요.

※ 이 책에서는 다양한 원시 반사를 소개하고, 원시 반사가 남아있는 아이들에게 효과적인 놀이나 훈련을 소개합니다. 단, 원시 반사는 여러 개가 동시에 남아있는 경우가 대부분입니다. 따라서 '이 반사가 있으면 이 훈련을 해야 합니다'처럼 일대일 대응을 할 수 없다는 점을 유념해 주시길 바랍니다. 원시 반사들은 서로 연관되어 있어 이를테면 모로 반사가 사라지면 도미노가 무너지듯 다른 반사도 잇따라 사라지기도 합니다.

"뇌의 토대인 뇌간을 자극하면 아이의 잠재된 능력이
놀라울 정도로 빛을 발한다."

목차

한국 독자들을 위한 저자의 글 __4

이 책에 대한 추천의 글 __6

프롤로그 아이의 능력은 '뇌간'으로 끌어낼 수 있다!
집중력·운동 능력·도전정신은 부모와 많이 놀수록 높아진다 __8

PART 1
산만하고 말 안 듣는 아이의 뇌에서 일어나는 일
원인은 성격이나 예의범절이 아니다

- 대뇌가 아니라 뇌간을 훈련해야 한다 __27
- 문제에 직면하면 뇌간이 먼저 반응하는 아이들 __30
- 원시 반사가 남아있으면 집중력과 학습력이 저하되는 구조 __32
- 겁이 많고 소심한 것은 스트레스에 대한 방어 반응이다 __35
- 집중력이 높은 아이와 산만한 아이는 뇌간부의 이곳이 다르다 __37
- 다른 사람의 말을 '듣지 않는 것'이 아니라 '듣지 못하는 것'이다 __40
- 의자를 덜거덕거리고 방방 뛰는 데도 이유가 있다 __41
- 자주 부딪치고 힘 조절을 못하는 데도 이유가 있다 __44

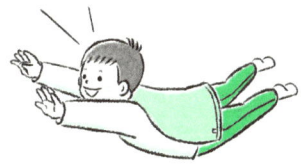

 혼나면 머릿속이 하얘지거나, 얼어붙거나, 도망가는 이유는? __47

원시 반사 ① **모로 반사**
: 민감하고 스트레스에 취약한 건 성격 탓이 아니다 __50

원시 반사 ② **파악 반사**
: 손동작이 섬세하지 않고, 연필을 제대로 쥐지 못하는 이유 __55

원시 반사 ③ **먹이 찾기 반사**
: 편식과 발음에도 영향을 미친다? __58

원시 반사 ④ **긴장성 미로 반사**
: 멀미가 잘 나고 공부를 못하는 원인은? __63

원시 반사 ⑤ **갈란트 반사**
: 산만하고, 얌전히 앉아있지 못하는 이유 __69

원시 반사 ⑥ **대칭성 긴장성 목반사**
: 다리를 뻗고 앉아서 태도가 불량한 아이처럼 보인다 __73

원시 반사 ⑦ **비대칭성 긴장성 목반사**
: 교차하는 움직임이 서툴고 글씨를 잘 못쓴다 __76

기타 반사 ① **바빈스키 반사**
: 발을 가만히 두질 못한다, 양말 엄지발가락에 구멍이 나면 위험 신호? __81

기타 반사 ② **냅킨 반사**
: 집중하면 혀가 나오는 아이는 이 반사가 남아있을 가능성이 높다 __82

기타 반사 ③ **공포 마비 반사**
: 걱정이 지나치게 많다, 티셔츠 태그가 까끌까끌해서 싫어한다 __84

🧠 아이의 버릇이나 행동의 원인을 알면 이제 혼내지 않아도 된다 __86

[알아두기] 원시 반사는 언제까지 있을까? __90

PART 2

하루 2분, 집에서 할 수 있는 뇌간 훈련
부모와 아이가 놀면서 재능을 키우는 20가지 놀이법

🧠 어려운 훈련이 아니라 일상 속 즐거운 놀이처럼 __95

놀면서 성장하는 놀이 ① 발음이 좋아지는 양치질 __98

놀면서 성장하는 놀이 ② 볼 부비부비 __100

놀면서 성장하는 놀이 ③ 안아주기 __102

놀면서 성장하는 놀이 ④ 불가사리 운동 __104

놀면서 성장하는 놀이 ⑤ 공 떨어뜨리기 __106

놀면서 성장하는 놀이 ⑥ 잠들기 전 마법의 말 __108

놀면서 성장하는 놀이 ⑦ 손가락 변신하기 __110

놀면서 성장하는 놀이 ⑧ 주먹 보자기 운동 __112

놀면서 성장하는 놀이 ⑨ 주물주물 점토 만들기 __114

놀면서 성장하는 놀이 ⑩ 데굴데굴 구르기 __116

놀면서 성장하는 놀이 ⑪ 밸런스 볼 & 밸런스 보드 타기 __118

놀면서 성장하는 놀이 ⑫ 그네 타기 __120

놀면서 성장하는 놀이 ⑬ 곰돌이 걸음으로 시합하기 __122

놀면서 성장하는 놀이 ⑭ 슈퍼맨 흉내 내기 __124

놀면서 성장하는 놀이 ⑮ 신나는 크로스 댄스 __126

놀면서 성장하는 놀이 ⑯ 지휘자 따라 하기 __128

놀면서 성장하는 놀이 ⑰ 걸레질 시합하기 __130

놀면서 성장하는 놀이 ⑱ 고양이 스트레칭 __132

놀면서 성장하는 놀이 ⑲ 쓱쓱 몸 문지르기 __134

놀면서 성장하는 놀이 ⑳ 시각 훈련 __136

PART 3

내 아이는 어떤 유형일까?
두뇌 자극으로 몰라보게 달라진 아이들의 이야기

사례 1 집중력 없고, 산수를 못하던 아이가 학원에 다니지 않고도
  공부 잘하는 아이가 되다 __145

[알아두기] 학습 장애와 원시 반사에 대해 __150

사례 2 읽고 쓰기를 어려워하고, 글씨가 지저분한 아이는 쓰기 연습보다
  부모와 함께하는 놀이가 더 효과적이다 __151

사례 3 하루 2분으로 언어 지연이 개선되고 잠이 솔솔 오는
  놀라운 효과가 있다 __155

사례 4 어수선하고 태도가 나쁘다고 혼났던 증상이 점점 사라지다 __**158**

사례 5 피아노, 수영, 수학, 영어 등 재능이 연달아 꽃피는 비밀이 있다 __**162**

[알아두기] 어른의 원시 반사와 부신 피로의 관계 __**168**

에필로그 뇌간 훈련의 효과를 높이는 핵심 3가지 __**170**

끝으로 __**184**

Part 1

산만하고 말 안 듣는 아이의 뇌에서 일어나는 일

원인은 성격이나 예의범절이 아니다

대뇌가 아니라
뇌간을 훈련해야 한다

"똑바로 해야지", "말을 들어야지"라며 어느새 아이를 혼내고 있지 않나요? 어수선하거나 자세가 나쁜 아이에게 "똑바로 해야지", 말을 듣지 않는 아이에게 "말 좀 들어", 주의력이 없는 아이에게 "제대로 앞을 봐야지"라고 말해도 소용없습니다.

"똑바로 해"라는 부모의 말은 사실 뇌의 부위로 말하자면 '대뇌'를 작동시키는 말입니다. 이 말에는 아이의 태도나 행동을 고치는 효과가 미미합니다. 우리는 '뇌간'을 작동시켜야 합니다.

이야기가 조금 어려울 수도 있지만 잠시 뇌 이야기를 들어주세요.

인간의 뇌는 대뇌, 소뇌, 뇌간으로 이루어져 있습니다. 대뇌는 뇌의 약 80%를 차지하는 가장 발달한 부위로 전두엽, 측두엽, 두정엽, 후두엽으로 구분됩니다. 인체의 사령탑 역할을 하는 대뇌는 사고, 기억, 감정 조절 기능을 합니다. 한마디로 인간이 가장 인간다울 수 있는 기능을 담당합니다. 소뇌는 대뇌 다음으로 크고 운동 조절 기능과 관련 있는 부위입니다.

뇌간은 중간뇌, 교뇌, 간뇌(시상, 시상하부), 연수로 이루어져 있으며, 호흡, 심박, 소화, 체온 조절 등의 기능을 담당합니다. 즉, 뇌간은 인간이 살아있기 위해 꼭 해야 하는 일을 합니다. 참고로 이 뇌간을 보고 뇌사를 판단합니다.

뇌를 집에 비유하면 **뇌간은 토대**이고, 대뇌는 집입니다. 집을 지을 때 우선 토대를 튼튼히 다지는 작업이 중요합니다. 완성된 집이 아무리 근사해도 토대가 부실하면 결국 무너지고 맙니다.

뇌간도 마찬가지입니다. 뇌간이 제대로 발달한 다음에 대뇌가 발달해야 하는데, 요즘은 부모들이 토대인 뇌간을 건너뛰고 대뇌 발달에만 신경을 쏟고 있습니다.

뇌간은 집의 토대다

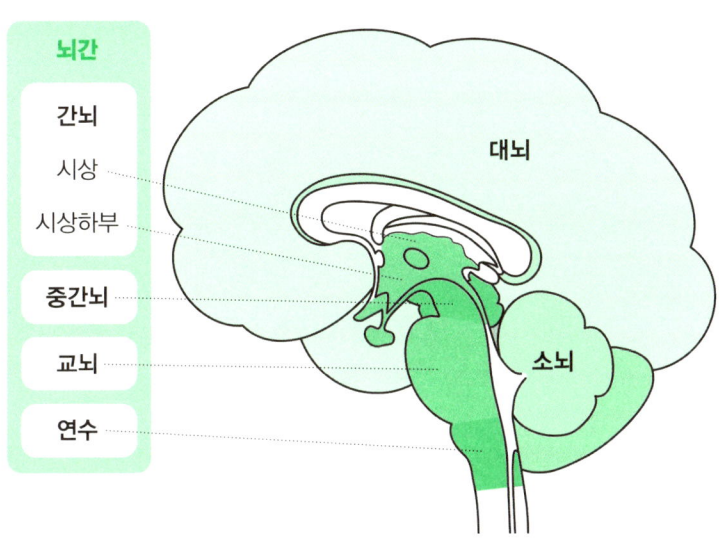

중요해서 또 말씀드리지만, 토대부터 튼튼히 다져야 합니다. 아이의 발달에 있어 강화해야 할 부위는 뇌간입니다. 이 뇌간이 튼튼해지려면 이 책에 나오는 뇌간 훈련이 도움이 됩니다.

문제에 직면하면 뇌간이 먼저 반응하는 아이들

우리 인간은 살아가면서 '안전'을 최우선으로 생각합니다. 생각해 보면 당연한 것 같지만, 목숨이 위태로운 상황에서 운동하거나 밥을 먹거나 어떤 활동을 하는 것은 불가능합니다.

예를 들어 눈앞에 호랑이가 있다고 해봅시다. 누구나 놀라고 목숨의 위협을 느낄 겁니다. 이런 '안전하지 않은 상태', '목숨의 위협을 느끼는 상태'가 되면, 우리는 싸우든가(fight), 도망가든가(flight), 몸이 얼어붙든가(freeze) 이 중 하나의 행동을 합니다.

대부분은 눈앞의 위기 상황에서 도망가거나 너무 놀란 나머지 몸이 굳어버립니다. 맞서 싸우는 사람은 거의 없을 겁니다.

　어떤 행동이 나오든 간에 이러한 반응은 '뇌간'이 지시합니다. 대뇌의 명령을 기다리지 않고 뇌간이 직접 전달해서 일어나는 반응입니다.

　더 자세히 설명해 보겠습니다. 대뇌에서 호랑이를 인식할 때는 '노란색이다', '줄무늬가 있다', '이쪽으로 오고 있다' 등을 분석합니다. 정말로 눈앞에 호랑이가 있는데 이렇게 여유 부리고 있다가는 공격을 당할 겁니다.

　그래서 뇌간에서 먼저 반응해 '호랑이 = 죽을 수도 있다'를 감지하고 도망가는 등 무의식중에 목숨을 지키는 행동을 하게 됩니다. 이 책의 중요한 주제인 **'원시 반사'도 뇌간에 의한 반응입니다.**

　반사란 무의식중에 특정 근육이 움직이는 반응을 가리킵니다. 뜨거운 것이 손에 닿았을 때 우리는 무의식으로 잽싸게 손을 뗍니다. 이것도 반사입니다. 이때 '앗, 뜨거운 것이 손에 닿았으니까 얼른 떼야 해'라고 대뇌로 판단한다면 이미 화상을 입었을 겁니다. 반사는 신체를 위험에서 재빨리 피하기 위한 반응입니다.

그중에서도 원시 반사는 유아기 초기에 나타나며 갓 태어난 아기의 생존에 필요한 반사입니다. 따라서 인간이 성장해 운동 기능이 발달하면 자연스럽게 없어집니다.

그런데 요즘은 이 원시 반사가 남아있는 아이들이 늘고 있습니다. 뒤에서 자세히 설명하겠지만, 원시 반사가 남아있으면 여러 가지 불편함이 생겨 인생이 힘들어집니다. 반대로 말하면 원시 반사가 일절 남아있지 않은 아이는 운동과 학습 면에서 우수한 결과를 내는 경우가 많습니다.

원시 반사가 남아있으면
집중력과 학습력이 저하되는 구조

원시 반사에는 몇 가지 종류가 있습니다. 개인차도 있지만 보통은 생후 몇 개월부터 늦어도 3세 무렵에는 소실된다는 특징이 있습니다.

그런 원시 반사가 계속 남아있는 아이가 많다는 건 집의 토대 부분인 뇌간이 잘 발달하지 않았다는 뜻입니다. 그래서 어떤 일이든 대뇌의 반응이 아니라 뇌간의 반응이 우선시 되어 버립니다. 즉, '싸울지', '도망갈지', '몸이 얼어붙을지' 하는 반응을 하기 쉽다는 겁니다.

그것은 싸우지 않아도 될 때, 도망가지 않아도 될 때, 몸이 얼어붙지 않아도 될 때도 이런 반응을 한다는 뜻이기도 합니다. 인생을 살면서 이런 상황 속의 아이가 얼마나 힘들어할지 그려지지 않나요?

앞선 예시에서도 보았듯이 눈앞에 나타난 호랑이가 오른쪽을 보든, 왼쪽을 보든, 뒤돌아 있든 우리는 '호랑이'라고 바로 인식하고 위험하다는 판단이 서면 도망갑니다. 굳이 '오른쪽을 보고 있는 호랑이가 있다'라는 판단은 하지 않습니다.

그런데 원시 반사가 남아있는 아이, 즉 뇌간부에서 강한 반응이 일어나는 아이는 모든 일을 호랑이를 대하듯이 반응합니다. 아이의 인생이 힘들어지는 이유입니다.

무슨 말인가 하면, 의자가 쓰러져 있든 거꾸로 놓여 있든 의자는 의자입니다. 마찬가지로 알파벳 'b', 'd', 'p', 'q' 중 어떤 것을 보아도 다 똑같아 보여서 구분하지 못합니다.

이는 호랑이 줄무늬가 한 줄 더 많든 적든, 오른쪽을 보든 왼쪽을 보든, 호랑이는 호랑이라고 판단하는 일과 같습니다. 뇌

원시 반사가 남아있으면 학습에도 영향을 미친다

예시 알파벳 b, d, p, q가 다 똑같아 보여서 구분하지 못한다.

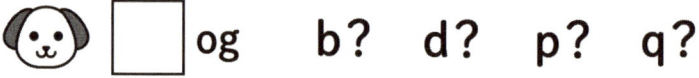

간은 '자세히' 인식하기보다 '전체적인 이미지'를 보고 반응하는 것을 우선하기 때문입니다. 이것이 학습에 영향을 미치면 학습 장애로 이어집니다.

이런 것들을 몰라 부모가 아이의 힘듦을 알아주지 못한다면, "우리 애는 왜 이런 것도 모르지?", "왜 제대로 하는 게 하나도 없지?"라고 고민하다 혼을 내서 결국 아이는 자신감을 잃게 됩니다.

겁이 많고 소심한 것은
스트레스에 대한 방어 반응이다

'시끄러운 곳에 있기 힘들다', '큰 소리가 나거나 갑자기 빛이 보이면 깜짝 놀란다' 하는 아이들이 많습니다. 예를 들면 시끄러운 곳에 있으면 다른 곳으로 도망가거나, 천둥번개가 치는 소리에 지나치게 무서워하거나, 운동회에서 사용하는 총소리를 질색합니다.

부모의 눈에는 "너무 겁이 많잖아?", "우리 애는 왜 이렇게 소심할까?"라고 보이지만, 사실 원시 반사 중 하나인 '모로 반사'가 남아있어서 그렇습니다.

원시 반사 중에서도 모로 반사는 특히 중요합니다. 큰 소리가 나면 아기는 깜짝 놀라 양손을 펼쳤다가 다시 오므리는 행동을 합니다. 이것이 바로 모로 반사입니다.

모로 반사는 아기가 태어나자마자 의사가 제일 먼저 확인하는 반사입니다. 이때 모로 반사가 없으면 뇌 장애를 의심하여 정밀검사를 실시하게 됩니다.

모로 반사는 뇌간 중 '중간뇌'의 영향을 받는다고 하며, 중간뇌는 시각이나 청각에 관한 중요한 역할을 맡고 있습니다. 시각이나 청각 정보는 중간뇌로 들어와 대뇌로 전달됩니다. 큰 소리나 빛에 반응하는 이유입니다.

큰 소리에 놀라거나, 도망가거나, 몸이 얼어붙는 건 소심하다거나 겁이 많기 때문이 아니라, 단순한 반사 작용이라 아이들이 통제할 수 없는 영역입니다. "무서워하면 안 돼"라고 말해도 별 소용이 없습니다.

모로 반사는 스트레스에 대한 방어 반응입니다. 우리 인간은 적절한 시기에 모로 반사가 있음으로써 외부 스트레스로부터 생존할 수 있습니다. 일정한 경험이 쌓이고 모로 반사의 움직임이 몇 번 반복되면, 이젠 모로 반사가 없어도 다른 방법으로 스트레스를 방어할 수 있습니다.

그런데 이 모로 반사가 계속 남아있으면 아이는 불안을 잘 느끼게 됩니다. 새로운 도전에 주저하거나, 새로운 환경에 적응하지 못해 부모 뒤로 숨기도 합니다.

부모가 이 사실을 모르면 "겁이 많네", "정말로 의욕이 없구나", "부끄러워하지 말고, 똑바로 해!"라며 쓸데없이 꾸짖거나, 의지박약이라며 혼을 냅니다.

반사는 아이의 성격과 무관합니다. 자주 불안해하거나, 긴장을 잘하거나, 겁이 많거나, 부끄러움을 많이 타는 아이의 특성은 사실 원시 반사가 원인일지도 모릅니다.

원시 반사는 뇌간이 먼저이고 대뇌가 그다음입니다. 대뇌에서 판단하려고 아무리 애써도 뇌간이 "잠깐만, 좀 더 신중해야 해"라면서 대뇌를 꼼짝 못하게 합니다. 대뇌가 뇌간에 지배당하고 있는 듯한 상태입니다.

따라서 우선은 원시 반사를 완전히 제거해 뇌간을 안정시키는 것이 중요합니다. 뇌간이 안정되면 비로소 대뇌가 나설 수 있기 때문이죠.

집중력이 높은 아이와 산만한 아이는 뇌간부의 이곳이 다르다

집중력이 높은 아이와 산만한 아이가 있습니다. 사실 이 차이에도 뇌간부가 관련되어 있습니다. 뇌간부에는 RAS(Reticular Activating System), 풀어쓰면 '망상 활성계'라는 기능이 있습니다. 망상 활성계란, 눈앞에서 어떤 일이 일어나면 무엇을 인식하고 무엇을 인식하지 않을지 분류하는 기능입니다. 간단히 말하면 필요한 정보를 선별하여 입력하는 '필터' 역할이 뇌간부에 있는 것입니다.

매일 다니는 익숙한 길인데도 어떤 가게들이 있고, 어떤 간판이 걸려 있는지 우리는 의외로 기억하지 못합니다. 그런데 갑자기 치통이 생겨 "치과에 가야겠어"라고 신경을 기울이면 그제야 그동안 지나쳤던 치과 간판이 눈에 들어옵니다.

좋아하는 사람의 이야기를 듣고 있을 때는 어떤가요? 그 사람의 말에 집중하면 주변의 소음이 차단됩니다. 소음에 일일이 반응하다가는 필요한 정보를 놓치게 되니까요.

이처럼 RAS가 필터 역할을 하면서 불필요한 정보는 버리고, 필요한 정보는 대뇌로 전달합니다.

우리 주변은 눈과 귀로 들어오는 정보들로 넘쳐납니다. 이 사이에서 뇌는 효율적으로 정보를 받아들입니다. 굉장히 합리적인 구조이죠.

대가족이 살고 있어 집안은 북적북적한 정도를 넘어서 시끌벅적한데도 집중해서 공부하는 아이가 있습니다. RAS가 잘 발달한 경우입니다.

"아무리 시끄러워도 RAS라는 필터를 통하면 필요한 정보만 뇌로 보내고 나머지 주변 소음은 차단할 수 있습니다."

집중력 없이 산만한 아이는 어떨까요? 집중력이 없다고 해서 RAS가 작동하지 않는 것은 아닙니다. 어떤 아이든 RAS는 작동되고 있습니다. 다만, 이 필터가 정말로 필요하지 않은 정보까지 전부 받아들이는 것이죠.

예를 들면 방에서 새가 지저귀는 소리와 청소기 돌아가는 소리가 같이 들린다고 합시다. 이런 상황에서 엄마가 아이에게 "시험공부 좀 해!"라고 말했다고 해봅시다. 이 말속에서 '필요한 정보'는 뇌간이 정합니다.

만약 아이가 시험공부보다 새가 지저귀는 소리에 더 집중하고 있다면 새의 울음소리에 맞춰 흥얼거릴지도 모릅니다. 청소기 소리에 더 집중하고 있다면 "아아! 이 소리 듣기 싫어!"라며 소리를 지를지도 모릅니다.

뇌간은 생존의 위험을 감지하면 도망갈지, 싸울지, 얼어붙을지 재빨리 반응한다고 설명했습니다. 시끄러운 소리가 거슬려서 '싸우는' 반응이 나오면, "아아악!" 하고 소리칠 수도 있습니다. '도망가는' 반응이 나오면 말 그대로 도망갈지도 모릅니다. 올바르게 RAS를 사용하고, 필터의 정확성이 높아지려면 토대가 되는 뇌간의 발달이 중요합니다.

다른 사람의 말을 '듣지 않는 것'이 아니라 '듣지 못하는 것'이다

RAS가 뇌간에 종속되면 어떤 일이 벌어질까요? 예를 들어 수업 중에 문득 '아참! 집에 가면 아이스크림 먹어야지'라는 생각이 떠올랐다고 해봅시다. 필터는 '아이스크림'의 정보를 대뇌로 전달합니다. 머릿속은 이제 '아이스크림, 아이스크림♪'으로 가득 차 있습니다. 선생님이 무슨 말을 하든, 수업 중이든 말든 머릿속에서는 이미 공부가 사라졌습니다.

일단 이 상태가 되면 다른 사람의 말은 들어오지 않습니다. 아무렴 지금 아이에게 1순위는 아이스크림이니까요. 예상 밖의 일이 일어나도 개의치 않습니다.

'오늘은 집에 가서 아이스크림 먹어야지!'라는 생각이 한번 자리 잡으면, 학교 수업이 끝나고 선생님이 갑자기 "운동회 연습해 보자"라고 말해도 집에서 아이스크림 먹는 것을 더 우선시합니다.

일정에 없던 일이 생기면 싫어하는 아이도 있습니다. 일이 계획대로 진행되지 않으면 힘들어하는 아이죠. 이런 아이는 자기만의 필터에 갇혀 예외 상황을 받아들이지 못합니다.

책장에 책을 꽂을 때 반드시 '가나다순'이어야 하거나, 늘 다니던 길이 아니면 싫어하는 등 아이의 고집에 휘둘리거나, 아이가 다른 사람의 말을 제대로 듣지 않는다며 힘들어하는 어머니들의 이야기를 많이 듣곤 합니다.

하지만 아이는 일부러 그러는 것이 아닙니다. 이야기를 '듣지 않는 것'이 아니라 '듣지 못하는' 겁니다.

의자를 덜거덕거리고 방방 뛰는 데도 이유가 있다

원시 반사와 관련하여 '전정신경계'라는 것이 있습니다. 전정신경계란 평형 감각을 전달하는 감각으로, 쉽게 말해 '균형' 감각입니다.

전정신경계 발달이 느린 아이는 오히려 전정신경계를 자극하는 움직임을 매우 좋아합니다. 전정신경계를 자극하면 자신도 모르게 무의식중에 이 감각을 발달하려고 하기 때문입니다. 요컨대 전정신경에 대한 욕구를 충족하기 위해 오히려 몸이 이 감각으로 생기는 자극을 받아들이려고 합니다.

아이가 처음 자전거를 탄 날을 떠올려 보세요. 페달을 너무 천천히 밟으면 균형이 무너져 "쾅!" 하고 넘어지기 쉽지만, 어느 정도 속도를 올리면 잘 탈 수 있습니다. 천천히 달릴 때가 더 어려운 법입니다.

마찬가지로 전정신경 발달이 느린 아이는 가만히 있기를 힘들어해서 의자를 덜거덕거리거나, 다리를 덜덜 떨거나, 방방 뛰기도 합니다. **즉, 아이는 전정신경계를 안정시키기 위해 산만해지고, 계속 돌아다니고, 방방 뛰는 것입니다.** 아이에게 안정이란 안심할 수 있는 상태를 말합니다.

원시 반사는 뇌간에서 일어나는 반응이라고 앞에서 설명했는데요, 뇌간은 목숨이 위협받지 않는 안전한 곳으로 가기를 원합니다. **전정신경이 완전히 발달하지 않은 경우, 움직이는**

것이 곧 안전하다고 인지하기 때문에 계속 움직이려는 욕구가 생깁니다.

아이가 왜 그런 행동을 하는지 알았으니 이제 할 일은 간단합니다. 아이가 전정신경을 안정시킬 수 있도록 움직일 수 있는 시간을 주세요.

전정신경이 불안정하면 아이는 어떤 상태가 될까요? 동영상이나 사진을 찍을 때 손이 흔들렸다면 어떻게 되나요? 대상이 뿌옇거나 흐릿해서 알아보기 힘들 겁니다. 전정신경이 안정되지 않은 아이가 눈으로 본 것을 뇌는 마치 흔들린 사진처럼 받아들인다고 합니다.

"책 읽으렴"이라는 말을 들어도, 아이의 눈에는 흔들린 사진처럼 보이고 뇌에서는 제대로 보기 위해 고군분투합니다. 그래서 잠깐 읽었을 뿐인데 뇌가 피로해져 두통이나 구토감을 느끼기도 합니다.

당연히 "책 읽기 싫어요", "공부하기 싫어요"라는 말이 나옵니다. 괴로워서 도망치고 싶은 그 마음도 이해됩니다. 그렇지만 결국 책 읽기를 싫어하고 공부하기 싫어하는 아이가 돼버리죠. 아이가 그러는 이유를 모르면 부모는 또 꾸짖게 됩니다. 그러나 전정신경을 안정시키면 아이는 더 집중해서 공부할 수 있습니다.

자주 부딪치고
힘 조절을 못하는 데도 이유가 있다

눈을 감고 있어도 자기 손발 위치를 알고, 그 움직임을 아는 감각을 '고유 수용성 감각'이라고 합니다. 우리는 눈을 감은 상태에서도 '오른손을 들고 있다', '왼쪽 다리를 들고 있다', '관절을 움직이고 있다'를 알 수 있습니다. 이 고유 수용성 감각도 인간이 성장하면서 자연스럽게 알게 되는 감각입니다.

고유 수용성 감각이 발달하지 않는 아이의 경우, 문에 새끼발가락이 부딪치는 모습을 가장 많이 볼 수 있습니다. 어른도 종종 그럴 때가 있지만, 아이의 경우 자주 부딪치는 아이와 부딪친 적이 거의 없는 아이로 나뉩니다.

새끼발가락이 부딪치는 이유는 자기 몸의 부피가 어느 정도인지 감이 오지 않기 때문입니다. 새끼발가락은 내 몸의 일부라고 인식하기 가장 어려운 신체 부위입니다.

몸의 부피를 인식하기 어렵다는 말이 선뜻 이해되지 않는다면 차고지에 자동차를 넣는 장면을 상상해 보세요. 만약 경차 운전에만 익숙하던 사람이 대형차를 차고지에 넣으려고 하면,

크기에 대한 감이 없어 단번에 넣지 못할 겁니다. 이와 마찬가지로 몸에 대한 감각이 부족하다는 뜻입니다.

고유 수용성 감각이 발달하지 않은 아이가 목욕할 때는 어떨까요? 엄마가 눈을 감고 있는 아이의 새끼발가락을 어루만지면서 "어느 발가락이게?"라고 물으면 아이는 "형 발가락이요"라고 대답하고, "새끼발가락이요"라는 대답은 못합니다. 이렇듯 자기 발가락이 어디에 있는지 모르는 아이는 많습니다.

이런 경우 전정신경에서 설명했던 것처럼, 아이는 무의식중에 부족한 감각을 일부러 많이 경험하고 자극해서 발달시키려 합니다. 즉, **고유 수용성 감각을 길러주는, 껑충껑충 뛰거나 서로 부딪치는 놀이를 굉장히 좋아합니다.**

고유 수용성 감각이 발달하지 않으면 손과 발이 움직이고 있다는 감각을 몰라서 힘 조절이 어려워집니다. **때리는 힘이 너무 세서 친구를 울리거나, 있는 힘껏 부딪쳐서 친구가 아프다고 하는데도 왜 아파하는지 모르기도 합니다.**

이러한 아이에게는 '서로를 등지고 밀어내는 놀이'가 신체 감각 발달에 도움이 됩니다.

그러나 요즘에는 고유 수용성 감각을 키울 수 있는 놀이의 기회가 줄어들었습니다. 테이블에 컵을 어디에 두어야 할지 정확하게 인식하지 못해 **테이블 끄트머리에 두었다가 손이 부딪치거나 물을 엎지르는 모습**을 자주 볼 수 있습니다. 그러고는 부모에게 "몇 번을 말해야 알아듣니!", "또 엎질렀잖아!"라고 혼이 납니다.

또 운동할 때 힘을 조절하지 못해 **'몸이 둔한 아이'**처럼 보입니다. 손가락 마디를 구부리는 힘이 얼마나 필요한지 모르거나, 어디까지 구부려야 할지 섬세한 조절을 못해서 연필을 너무 세게 쥐어 심이 부러지거나, 너무 꾹꾹 눌러쓰거나, 반대로 손에 힘을 주지 않아 글씨가 흐릿합니다.

"똑바로 써야지!"라는 말을 들어도, 글씨를 똑바로 쓰게 하는 손가락의 고유 수용성 감각이 발달하지 않아 어려워합니다. **연필을 제대로 쥐지 못하거나, 옷 단추를 잘 잠그지 못하는 것도 특징입니다.**

혼나면 머릿속이 하얘지거나, 얼어붙거나, 도망가는 이유는?

원시 반사가 남아있으면 아이들은 '안전하지 않고', '항상 위협받는' 상태가 됩니다. 어떤 감각인지 자동차 운전에 비유해 보겠습니다. 운전을 하지 않더라도 함께 상상해 보세요.

당신은 아이를 태우고 운전하는 중입니다. 일차선 도로에서 일직선으로 난 길을 편안하게 달릴 때는 아이와 즐겁게 대화를 나누며 운전할 수 있습니다.

반면 고속도로를 처음 타면 긴장해서 어디로 꺾어야 할지도 헷갈리고, 자칫하면 목적지가 달라지기 때문에 머리가 터질 것 같은 상태로 운전합니다. 이럴 때 아이가 말을 걸면 "좀 조용히 해봐!"라는 말이 나오게 됩니다.

원시 반사가 남아있는 아이들도 이런 감각을 느낍니다. 머릿속이 복잡하고 긴장하고 있을 때 "공부해라", "제대로 해라"라는 말을 들어도, 이미 그 이상의 것을 처리하고 있어 다른 사람의 말을 들을 겨를이 없습니다.

예를 들어 밖에서 나는 자동차 소리가 거슬리거나, 눈앞에서 흔들리는 그림자에 공포를 느낄 때 뇌간부에서 경보음이 울립니다. 뇌에서는 이에 대응하느라 정신이 없어서 엄마의 말을 집중해서 들으려 해도 들리지 않습니다.

또 반 아이들이 학교 선생님을 무서워한다고 해봅시다. 그러면 조금만 혼나도 뇌간부에서 경보음이 울립니다. '도망가라'는 경보음이면 아이는 그곳에서 도망치고, 몸이 굳어지는 경보음이면 몸이 얼어붙고 아무 생각도 들지 않습니다. 선생님 목소리가 시끄럽게 느껴지면 아이도 "아아악!" 고성을 지르고 머릿속이 하얘지기도 합니다.

원시 반사가 남아있는 형태에 따라 아이의 반응은 달라집니다. 하지만 어떤 경우든 아이에게 가장 중요한 것은 '안전'입니다. 부모나 어른 관점에서의 '안전'이 아니라, 그 아이에게 남아있는 원시 반사 기준에서의 '안전'을 뜻합니다.

아이가 왜 다른 사람의 말을 듣지 않는지, 얌전히 있지 못하는지, 물건을 자주 깜빡하는지 부모는 이해하지 못하지만, 어쩔 도리가 없습니다. 왜냐하면 아이도 자신이 왜 그러는지 모르니까요. 하지만 지금껏 이해할 수 없었던 아이의 반응도 원시 반사를 알면 이해할 수 있습니다.

산만한 아이는 전정신경계가 완전히 발달하지 않아 그냥 움직이고 싶었을 뿐일지도 모릅니다. 친구와 사이가 좋지 않은 아이는 고유 수용성 감각이 완전히 발달하지 않아 물리적인 거리감을 모르기 때문에 마찰이 생겼을 뿐일지도 모릅니다.

"우리 아이 혹시 ADHD일까?" 걱정하는 부모들이 많은데, 뇌간 훈련을 하면 이런 걱정도 해결할 수 있습니다.

이 책에서는 알기 쉽게 원시 반사가 '소실되다', '사라지다', '없어지다', '제거하다' 같은 말을 사용했지만, 엄밀히 말하면 원시 반사는 '통합된다'라는 표현이 더 정확합니다. 왜냐하면 원시 반사는 완전히 사라지는 것이 아니기 때문입니다. 목숨이 위험한 위기 상황에서는 원시 반사를 통해 몸을 보호해야 해서 완전히 사라지면 큰일이 납니다.

최고의 실력을 갖춘 운동선수 대부분은 원시 반사가 통합되어 있지만, 병이나 부상으로 몸에 이상이 생기면 원시 반사가 나타나기도 합니다.

지금부터는 원시 반사가 계속 남아있을 때 나타나는 증상과 대책을 종류별로 구체적으로 살펴보겠습니다.

원시 반사 ①

모로 반사 (Moro Reflex)
민감하고 스트레스에 취약한 건 성격 탓이 아니다

어떤 반사일까?

큰 소리가 났을 때 아기는 움찔하며 두 손을 펼쳤다가 다시 꼭 쥡니다. 이것이 모로 반사이며, 눈이나 귀로 들어온 정보를 중간뇌에서 반응합니다. 원숭이가 나무에서 떨어지려 할 때 손을 뻗어서 가까운 것을 붙잡으려는 움직임에서 유래됐다는 이야기가 있습니다. 여러 설이 있지만 보통은 생후 4개월 무렵에 소실된다고 알려져 있습니다.

 모로 반사를 유발하는 대표적인 요인은 소리, 빛, 통증 등 감각에 관련된 것들입니다. 이 반사가 남아있으면 감각을 통해 들어오는 자극에 놀라서 감각에 문제가 생기기 쉽습니다. 갑작스러운 소리나 빛, 시야에서 갑자기 나타나 움직이는 것, 통증, 냄새 등에도 민감합니다.

모로 반사가 남아있을 때 나타나는 증상

- 자동차 등을 타면 멀미가 잘 난다.

- 시야 끝에서 움직이는 것이 거슬린다.
- 흰 종이의 글씨를 읽지 못한다. 햇빛이 너무 눈부시다(광민감).
- 소리에 잘 놀란다(청력 과민).
- 중이염, 부비동염, 감기에 자주 걸린다(면역력이 쉽게 약해진다).
- 놀라면 큰 소리를 낸다.
- 환경 변화에 적응하지 못한다.
- 어둠을 무서워한다.

예를 들어 균형 감각에 문제가 생기면 자동차 등을 탔을 때 멀미가 나기 쉽습니다. 또 눈이나 귀로 들어온 정보가 지나치게 많이 들어와 집중력이 떨어집니다. 수업 중에 친구가 살짝만 움직여도 신경이 쓰여 선생님을 볼 겨를이 없기도 합니다.

모로 반사가 남아있는 아이는 스트레스에 취약해 스트레스에 대항하는 코르티솔이라는 호르몬이 과잉 분비되면서 면역력이 저하되고 감기에 잘 걸립니다. 이처럼 스트레스에 취약한데도 늘 스트레스에 둘러싸인 상황에 있습니다.

환경 변화에 적응하지 못하는 이유는 새로운 환경에서는 어떤 일이 일어날지 모른다는 불안감과 공포심이 있기 때문입니다. 어둠을 무서워하는 것도 같은 이유입니다. 빛에도 민감해

햇빛도 너무 눈이 부시다며 밖에서 놀기 싫어하는 아이도 있습니다.

클리닉 외래 진료에 엄마와 함께 온 초등학교 3학년 A가 있었습니다. 어머니 말에 따르면 아이가 책을 싫어해서 읽지 않는다고 했습니다. 학교에서 교과서를 봐도 5분 만에 두통이 와서 자느라 공부도 하지 않는다고 했습니다.

그런데 여름방학이 되어 외할머니 집에 놀러 갔을 때, 책 한 권을 손에 쥐고는 "엄마, 이 책 재미있어요!" 하고는 시간 가는 줄 모를 정도로 밤늦게까지 읽었다고 합니다. 깜짝 놀란 엄마가 슬쩍 보니 자기가 어렸을 때 읽었던 낡은 책이었답니다. 햇빛에 누렇게 바랜 책이었습니다.

A는 햇빛에 바랜 종이의 글씨는 문제없이 읽을 수 있었던 겁니다. A는 흰 종이의 글자가 싫다고 말한 적이 한 번도 없었습니다. 그럴 만도 한 게 모든 책이 하얀 줄 알았기 때문이었죠.

당연히 '글씨를 보면 눈부시다'라는 인식도 없었습니다. 다른 친구들도 하얀 종이의 글씨가 읽기 힘들지만 힘내서 읽고 있다고 믿었던 모양입니다. 이후 어머니가 낡은 책을 사기 시작하면서 지금 A는 책을 좋아하는 아이가 되었습니다.

어떻게 해야 할까?

모로 반사가 남아있으면 어떻게 해야 할까요? 모로 반사로 인해 나타나는 아기의 움직임을 의식적으로 따라 하는 운동이 필요합니다. 즉, 온몸을 펼쳤다가 오므리는 동작을 반복해 보세요. 등받이가 없는 의자나 밸런스 볼에 앉아 두 팔다리를 힘껏 펼쳤다가 두 팔은 몸을 껴안고, 두 다리는 교차하듯이 몸을 둥글게 만듭니다.

이 동작을 10번 반복해 보세요(불가사리 운동, 104쪽 참조). 최대한 천천히 하는 것이 중요합니다. 모로 반사가 남아있으면 몸을 크게 펴는 동작 자체에 공포를 느끼기도 합니다. 뒤로 넘어질까 봐 무서운 것이죠. 이런 경우에는 등받이가 있는 의자에서 먼저 시작하거나, 아이가 익숙해질 때까지 뒤에서 어른이 잡아주세요.

모로 반사가 남아있는지 헷갈리는 경우 간단하게 알아보는 방법이 있습니다.

❶ 팔자걸음(또는 안짱걸음)으로 걸어보게 합니다. 아이가 '팔자걸음', '안짱걸음'을 모르는 경우, 팔자걸음은 발뒤꿈치끼리 마주 보면서 걷는 걸음, 안짱걸음은 엄지발가락끼리 마주 보면서 걷는 걸음이라고 설명해 주세요.

❷ 팔자걸음 또는 안짱걸음으로 걸을 때 팔이 어떤 상태인지 확인해 보세요. 정상이라면 팔이 몸통 옆에 자연스럽게 내려가 있고, 자연스럽게 팔을 흔들면서 걷습니다. 반면, 팔의 움직임이 로봇처럼 어색하거나, 오른팔과 왼팔에 차이가 있거나, 팔이 자연스럽게 흔들리지 않는다면 모로 반사가 남아있는 것입니다.

팔자걸음(안짱걸음)을 시킬 때는 아이가 의식하면서 걷지 않도록 "팔이 어떻게 움직이는지 볼 거야"라는 말은 하지 않도록 합니다. 걷고 있을 때는 본래 손바닥이 몸통 쪽(안쪽)을 향하고 있어야 합니다.

그런데 모로 반사가 남아있으면 손바닥이 정면(몸통 앞쪽)이나 뒤쪽을 향합니다. 팔자걸음이나 안짱걸음으로 걷지 못하는 아이도 있습니다. 이때도 모로 반사가 남아있다고 할 수 있습니다.

파악 반사 (잡기 반사, Grasping Reflex)
손동작이 섬세하지 않고, 연필을 제대로 쥐지 못하는 이유

어떤 반사일까?

파악 반사(잡기 반사)는 이름에서 알 수 있듯 사물을 잡는 반사를 말합니다. 아기의 손바닥에 엄마가 손가락을 올리면 아기가 꼭 쥐지 않나요? 생각보다 쥐는 힘이 세서 놀랐을 수도 있습니다. 이것이 바로 파악 반사입니다.

　발에서도 같은 반사가 나타나며, 통틀어서 손바닥 파악 반사라고 부르기도 합니다. 이 반사가 있어서 운동 신경이 향상되고, 사물을 잡을 수 있으며, 악력이 생기기도 합니다.

　그러나 파악 반사가 남아있는 아이는 섬세한 손동작이 서툴다는 말을 자주 듣습니다. 연필을 제대로 쥐지 못해 글씨를 지저분하게 쓰거나, 너무 힘주어 쓰거나, 아니면 반대로 너무 약하게 쥐는 아이도 있습니다. 동그라미를 그리면 시작점과 끝점의 사이가 벌어져 있기도 합니다. 연필을 쥘 때 중지도 사용하는 아이가 많은데, 이것만으로도 파악 반사가 남아있다는 것을 알 수 있습니다.

얼마나 힘을 줘야 할지 몰라 글씨를 쓸 때 힘 조절이 어렵고, 글자 크기나 간격 또는 배치의 균형이 좋지 않은 것도 특징입니다. 글씨를 쓸 때 자음만 유달리 크거나, 모음이나 받침 글자의 균형이 맞지 않기도 합니다. 손에 필요 이상의 힘이 들어가 연필이나 젓가락뿐 아니라, 공 모양의 물건도 제대로 잡지 못해 구기 종목을 못합니다. 캐치볼을 못하거나 피구 공을 잡지 못해서 "걔는 운동에 소질이 없더라"라는 말을 듣고 아이는 자신감이 떨어지기도 합니다.

섬세한 손동작이 서툴러서 엄지, 검지, 중지 세 손가락으로 물건을 잡기 어려워하는 아이도 있습니다. 이 섬세한 손동작은 뇌와 연결되어 있어서 꼼꼼함이 요구되는 작업을 힘들어하고, 학습 능력에도 영향을 미칩니다.

파악 반사가 남아있을 때 나타나는 증상

- 섬세한 손동작이 서툴다.
- 연필, 펜을 이상하게 쥔다(쥐는 동작이 서툴러서).
- 색연필을 쥐려 하지 않는다, 젓가락을 쥐기 싫어한다(손바닥 감각 과민).
- 글씨가 지저분하거나, 연필을 너무 세게 또는 너무 약하게 쥐고 쓴다.
- 구기 종목을 못한다, 캐치볼을 못한다.

- 발화 문제가 있다(손과 입은 반사가 함께 일어날 가능성이 높기 때문이다. 뒤에서 설명할 바빈스키 반사와 관련이 있다).

어떻게 해야 할까?

'잡는' 동작을 충분히 많이 하면 이 반사는 소실됩니다. 구기 종목에 자신이 없다면 공을 잡는 연습을 해보세요. 부모와 함께 공놀이만 해도 큰 도움이 됩니다.

집에서는 슬라임을 가지고 놀거나, 색종이를 손으로 찢어서 놀아도 효과가 있습니다. 어린 자녀에게 "뭐든 찢어도 괜찮아"라고 말해주면 신이 나서 재미있게 놀 겁니다.

또 집안일 중 아이에게 봉투를 펼치거나, 뚜껑을 돌려 열거나, 걸레를 짜거나, 손바닥으로 바닥을 짚으며 걸레질(걸레질 시합하기, 130쪽)하게 하는 등 손끝을 사용하는 동작을 점점 늘려보세요.

일상에서는 위험할까 봐 부모가 대신 해줄 때가 많은데, 사실 아이에게서 파악 반사를 없앨 모처럼의 기회를 빼앗는 것과 다름없습니다. 아이가 손끝을 더 많이 사용하게 해주세요.

먹이 찾기 반사 (젖 찾기 반사, Rooting Reflex)
편식과 발음에도 영향을 미친다?

어떤 반사일까?

아기의 입가를 부드럽게 만지면 아기는 엄마 젖을 찾는 듯한 움직임을 합니다. 이것이 먹이 찾기 반사입니다. 이 반사는 갓 태어난 아기가 바로 모유를 먹을 수 있게 해주는 반사로 알려져 있습니다. 아기의 강한 생명력이 느껴지는 원시 반사 중 하나입니다.

젖을 먹는 동안 아기는 엄마 품에서 편안함을 느낍니다. 즉, 이 움직임으로 아기는 편안한 안정감을 얻을 수 있습니다.

먹이 찾기 반사가 있어서 사물을 볼 수도 있고 찾을 수도 있습니다. 젖을 찾는 모습이 엄마 눈에는 무척 사랑스럽지만, 이 반사가 계속 남아있으면 아기의 입 주변이 민감해져서 무언가 닿으면 입이 벌어지거나 물곤 합니다.

최근 마스크를 씹는 아이가 늘고 있습니다. 코로나19 이후로 어린아이들도 마스크를 쓰곤 하는데, 입가에 마스크가 닿으면 신경이 쓰여 마스크를 씹게 되고, 침이 잔뜩 묻게 돼 고민하는 부모도 있습니다.

마스크뿐 아니라 옷이나 수건을 씹는 아이도 있습니다. 여담이지만, 성인이 담배를 피우는 행위도 먹이 찾기 반사가 남아있는 것으로 알려져 있습니다. 입으로 무언가를 물려는 본능인 거죠.

손가락을 빠는 아이도 있습니다. 손가락을 빨면 엄마 젖을 먹었던 때처럼 안심이 되고 안정감을 느낍니다. 미국에서는 모유를 일찍 뗀 아이에게서 먹이 찾기 반사가 남아있는 경우가 많다고 합니다.

첫째 아이 때는 젖이 잘 나오지 않아 고생했는데, 둘째 아이 때는 젖이 잘 나오는 경우, 둘째 아이에게 먹이 찾기 반사가 남기도 합니다. 모유가 잘 나오지 않으면 아기는 혀를 사용해 엄청난 힘으로 젖을 빨아들입니다. 이 움직임으로 아기는 먹이 찾기 반사를 충분히 사용할 수 있습니다. 반대로 젖이 쉽게 나오면 충분히 사용하지 못해 반사가 남는 것으로 보입니다.

분유도 마찬가지입니다. 분유가 잘 나오고 먹기 편한 젖병을 사용하는 경우에도 이 반사가 남는 아이도 있습니다.

먹이 찾기 반사가 남아있으면 아이는 입가의 자극을 좋아하며, 그중에서도 특히 '안전한 자극'을 좋아한다는 특징이 있어 편식하는 경향이 있습니다. 또 혀를 지나치게 의식해서 혀의 움직임이 부자연스럽거나 발음이 부정확해집니다.

혀의 아랫부분, 혀의 뿌리 쪽에 있는 주름진 부분을 '설소대'라고 합니다. 먹이 찾기 반사가 남아있는 아이는 이 설소대를 제대로 움직이지 못해 발음이 나빠지거나 발화 문제로 이어진다고 알려져 있습니다.

먹이 찾기 반사가 남아있을 때 나타나는 증상

- 입술이나 입가 주변이 민감하다.
- 편식한다.
- 양치질을 싫어한다.
- 수건처럼 부드럽고 얇은 이불이나 장난감을 입에 넣는다.
- 입 안에서 혀를 과도하게 많이 움직인다.
- 발화에 문제가 있다.
- 발음이 나쁘다.
- 대화가 미숙하다.
- 계속 손가락을 빤다.
- 섬세한 손동작이 서툴다(손과 입은 반사가 같이 일어날 가능성이 높기 때문이다. 뒤에서 설명할 밥킨 반사와 관련이 있다).

어떻게 해야 할까?

우선 혀를 움직이는 운동을 해보세요. '아이우에 입 운동'이 많이 알려져 있는데요. 내과 의사 선생님이 고안하였고 입 호흡을 코 호흡으로 바꾸는 운동으로도 유명합니다.

'아-', '이-', '우-', '에-(혀를 내밀어 아래로 늘린다)' 동작을 반복해 보세요. 소리 내서 해도 되고 내지 않아도 상관없습니다. 입 안에서 혀를 굴리기만 해도 효과가 있습니다.

입을 다물고 혀로 입술과 잇몸 사이를 동그라미 그리듯이 굴려보세요. 시계 방향, 반시계 방향으로도 혀를 굴려봅니다. 각 방향으로 5번씩 굴리고 나서 힘이 든다면 설소대가 쓰이지 않았다는 증거입니다.

이렇게 움직이는 혀 운동이 가장 효과가 좋지만, 아이가 싫어한다면 아이의 입가나 볼부터 만져주는 운동을 하세요(볼 부비부비, 100쪽).

아이우에 입 운동

1. '아~' 발음하면서 입을 크게 벌리세요.
2. '이~' 발음하면서 입을 옆으로 벌리세요.

3. '우~' 발음하면서 입을 오므려 앞으로 쭉 내미세요.
4. '에~' 발음하면서 혀를 최대한 많이 내미세요.

긴장성 미로 반사
(TLR, Tonic Labyrinthine Reflex)
멀미가 잘 나고 공부를 못하는 원인은?

어떤 반사일까?

긴장성 미로 반사(TLR)는 앞서 설명한 전정신경과 고유 수용성 감각의 반사입니다. 평형 감각이나 공간의 위치 감각을 관장하는 평형 감각기와 깊은 관련이 있어 머리의 움직임에 따라 몸이 반사합니다.

즉, 머리를 들고 있는지, 수평 상태인지, 숙이고 있는지 인식하거나, 눈을 감은 상태에서도 아래를 향하는지, 오른쪽을 향하는지 인식할 수 있습니다. 아기는 머리를 앞으로 숙이면 손발을 비롯해 몸 전체가 둥글게 말립니다. 엄마 배 속에 있었을 때처럼 태아 자세가 됩니다.

반대로 머리를 들어 뒤로 젖히면 손과 발, 척추 등이 전부 늘어나고 몸 전체가 활처럼 휘어집니다. 슈퍼맨이 하늘을 나는 듯한 자세입니다. 이것이 긴장성 미로 반사입니다. 아기가 엄마의 산도를 통과할 때의 움직임과 같습니다. 몸을 둥글게 말거나 늘리는 등 산도를 무사히 통과하기 위해 꼭 필요한 반사입니다.

이 반사가 남아있으면 머리를 숙였을 때 몸도 둥글게 말리기 때문에 등이 굽어 자세가 나빠집니다. 또 여러 움직임에 민감해져 조금만 흔들려도 구토하거나 공포를 느낍니다. 몸의 균형을 잡지 못하고 발뒤꿈치를 들고 서 있을 때 더 균형을 잘 잡는 아이도 있습니다.

공간 인지 기능이 떨어져 비슷하게 생긴 글자를 똑같이 인식하는 경향이 있습니다. 예를 들면 알파벳 'b', 'd', 'p', 'q'나 'm', 'w'도 모두 같은 글자로 인식하기 때문에 난독증 진단을 받기도 합니다.

평영할 때의 동작은 긴장성 미로 반사가 남아있는 아이에게는 정반대의 방향이 되기 때문에 굉장히 어려워합니다. 또한 균형 감각이나 공간 인지 능력이 떨어져 공을 던질 때 얼마큼의 힘을 써야 할지 모릅니다. 그래서 멀리 던지지 못합니다. 산수에서도 입체 도형 문제에서 막힙니다.

균형 감각이 떨어져 자주 넘어지거나, '바르게'의 뜻을 알지 못해 자세가 나빠집니다. 그래서 부모나 선생님에게 "똑바로 해야지", "제대로 해야지", "바르게 앉아야지"라는 말을 듣게 됩니다.

긴장성 미로 반사가 남게 된 주요 원인 중 하나는 아기일 때 기어다니는 기간이 짧았기 때문입니다. 아이가 빨리 걷기 시작하면 부모는 감격스러워하지만, 아이에게 마음껏 기어다닐 시간을 주는 것은 굉장히 중요합니다.

저희 어린 시절에는 놀이터에 빙글빙글 회전하는 놀이기구가 흔했습니다. 어질어질해질 때까지 자주 놀곤 했죠. 이렇게 **눈이 핑핑 돌아가는 놀이는 긴장성 미로 반사를 없애는 데 아주 효과가 좋습니다.**

요즘은 안전상의 이유로 철거되는 경우가 많아 반사를 없앨 기회도 점점 줄어들고 있습니다. 빙글빙글 회전하는 의자에서 노는 아이도 보기 힘들어졌고, 놀이공원 회전 컵도 이젠 잘 보이지 않습니다. 아이들 주변에서 '회전하는 것들'이 점점 사라지고 결국 반사만 남게 되겠지요.

B는 만 4, 5세 반에 다니는 유치원생입니다. B의 어머니는 "우리 애는 계속 계단을 올라가요"라고 말한 적이 있습니다. B는 계단을 오르기만 하고 내려오지는 못했습니다. 긴장성 미로 반사가 남아있으면 위를 올려다보고, 아래를 내려다보는 머리의 움직임이 어색해져 계단 내려오기를 무서워하는 경우가 있습니다.

보통은 일상생활 속에서 계단을 오르내리면 반사가 없어지는데, 어머니는 위험하다는 이유로 아이 혼자서 내려가지 못하게 했다고 합니다.

모든 원시 반사에 해당하는 말인데, 요즘은 원시 반사를 없앨 기회가 빼앗기는 일이 정말로 많아졌습니다. 이 기회를 일부러라도 주지 않으면 원시 반사가 남아있는 아이는 계속 늘어갈 겁니다.

긴장성 미로 반사(TLR)가 남아있을 때 나타나는 증상

- 균형 감각이 떨어져 잘 넘어진다.
- 공간을 인지하지 못한다(입체적으로 생각하고 보지 못한다. 깊이감을 모른다).
- 자세가 나쁘다.
- 위아래를 번갈아 보며 칠판 필기하는 것을 어려워한다.
- 앉아서 책을 읽을 때(시선이 아래를 향할 때) 자세가 무너진다.
- 자동차 등을 타면 멀미가 잘 난다.
- 뒤꿈치를 들고 서 있다.
- 발화에 문제가 있다.
- 잘못 듣는 경우가 많다.
- 엎드리는 자세를 좋아하거나 싫어한다.

- 구기 종목을 못하고 움직이는 것을 눈으로 쫓지 못한다.
- 자유형 호흡을 못한다.
- 평영 동작을 못한다.
- 철봉에 매달려 앞으로 돌거나 거꾸로 오르지 못한다.
- 계단 내려가는 것을 무서워한다.
- 기어다닌 기간이 짧다.
- 학습 장애. 난독증이라는 말을 들었다.

어떻게 해야 할까?

우선 긴장성 미로 반사가 남아있는지 알아볼까요? 방법은 간단합니다. 균형이 무너질 수도 있으니, 부모나 어른이 아이 옆에서 도와주세요.

서 있는 상태에서 바닥을 봅니다. 긴장성 미로 반사가 남아있으면 몸이 둥글게 말려 균형이 무너지고 앞으로 무게가 쏠립니다. 이제 서 있는 상태에서 머리를 뒤로 젖혀 보세요. 이때도 균형이 무너져 넘어질 뻔했다면 반사가 남아있는 것입니다.

이 반사를 없애려면 긴장성 미로 반사의 움직임을 아주 많이 해야 합니다. 머리를 위로 들거나 아래로 숙이는 움직임을 놀이나 생활 속에서 많이 해보세요. 아이가 어리다면 밸런스 볼이나 풍선을 가지고 놀아도 굉장히 좋아합니다. 또 네발 기기 자세를 만들어 곰처럼 걷는 '곰 걸음걸이'는 소뇌를 자극해줘 추천하는 놀이입니다.

참고로 긴장성 미로 반사와 비슷한 원시 반사는 '란다우 반사'입니다. 아기를 바닥에 엎드렸을 때 머리가 들리고 몸은 휘어지며, 반대로 머리를 숙이면 상체와 하체가 꺾이는 반사입니다. 기어다닐 근력을 키우는 데도 필요한 반사입니다.

긴장성 미로 반사와 마찬가지로, 란다우 반사가 남아있으면 균형 감각이 떨어지고 팔다리 근육을 같이 사용하는 움직임이 어색해집니다. 또 시각 기능이 미숙해서 글씨를 제대로 읽지 못하거나 한 자세로 오래 있지 못해 학습 장애로 이어질 수도 있습니다.

이 반사가 남아있는지 알아보는 방법은 엎드려 누운 자세에서 양팔은 자연스럽게 몸에 붙이고 머리만 들어봅니다. 이때 다리도 같이 들리면 반사가 남아있는 것입니다. 머리를 들지 못하거나, 머리를 들어올려도 30초 이상 버티지 못하면 반사가 남아있는 것입니다.

'슈퍼맨 흉내 내기' 놀이(124쪽)가 긴장성 미로 반사(TLR)와

란다우 반사를 없애는 효과적인 운동으로 알려져 있습니다. 엎드려 누운 자세에서 슈퍼맨이 하늘을 날듯이, 두 팔다리를 바닥에서 띄우고 힘차게 뻗어보세요. 그리고 등은 최대한 휘어지게 하세요.

갈란트 반사 (Galant Reflex)
산만하고, 얌전히 앉아 있지 못하는 이유

어떤 반사일까?

갈란트 반사는 허리 주변에서 나타나는 반사입니다. 한쪽 척추를 쓰다듬으면 자극이 오는 방향으로 어깨와 허리가 밀착되듯이 움직입니다. 아이가 엄마의 산도를 통과할 때 앞으로 나아갈 수 있게 해주는 반사입니다.

 갈란트 반사가 남아있으면 등 자극에 민감해집니다. 겨드랑이를 만졌을 때 아이가 간지럼을 타면 이 반사가 남아있는 것입니다. 등 주변의 자극에 약하며 이곳은 배뇨와도 연결돼 있어 야뇨증으로 이어집니다. 따라서 계속해서 '잠자리에 오줌을 싸는' 아이는 갈란트 반사가 남아있을 가능성이 높습니다.

허리 주변이나 등 부근에 자극만 와도 **몸을 비틀기 때문에 산만하다. 집중력이 없다. 자세가 나쁘다며 혼나는** 일이 많을지도 모릅니다. 이 자극을 피하려다 보니 **벨트나 허리가 쪼이는 옷을 싫어하는** 경향이 있고, 대신 헐렁한 옷을 좋아합니다. 잠옷을 좋아하는 아이도 많습니다.

발달 장애 클리닉에서 만난 초등학교 5학년 C는 5학년이 되고 나서부터 밤에 잠을 자다가 오줌을 싸기 시작했습니다. 어머니에게 자초지종을 듣고 미코톡신(곰팡이 독, 야뇨증의 원인인 경우가 많다) 검사까지 했는데 정상이었습니다. 혹시 원시 반사의 영향인가 싶어 C의 겨드랑이 주변을 간지럽히니 몸을 비비 꼬며 몹시 간지러워했습니다.

"혹시 침대에 누웠을 때 아이의 허리 옆에 뭐가 있나요? 아니면 예전과 달라진 게 있나요?"라고 물으니 "그러고 보니 얼마 전에 잠옷을 새로 샀는데 바지 고무줄이 울퉁불퉁해서 꽉 끼는 것 같았어요"라고 했습니다. 그래서 그 잠옷을 입지 말라고 했더니, 자다가 오줌을 싸는 일이 없어졌습니다.

참고로 갈란트 반사와 비슷한 반사 중에는 '**페레즈 반사**'가 있습니다. 역시 엄마의 산도를 통과하기 위해 생긴 반사인데, 이 반사는 척추 위쪽과 어깨 가까운 부위에서 나타나는 반사입니다. 마찬가지로 누가 만지면 싫어하거나 간지러워합니다. 등 가운데를 아래에서 위로 쓸어올리면 손이 닿은 쪽의 척추가 움찔합니다.

  엄마가 아이에게 괜찮다며 진정시키고자 등을 쓰다듬으려고 하면 질색하고, 어깨동무나 팔짱 끼는 것을 싫어하는 아이, 목도리를 싫어하는 아이도 있습니다. 또 어린데도 등이나 목이 심하게 뭉치는 아이가 많고, 초등학생이면 책가방을 메기 싫어하는 경우도 있습니다.

  긴장도가 매우 높은 탓에 이 반사가 남아있으면 불안감이 심하고 긴장을 잘하며, 처음 해보는 일을 어려워하는 경향이 있습니다.

갈란트 반사가 남아있을 때 나타나는 증상

- 잠자리에서 오줌을 싼다.
- 집중력이 없다.
- 단기 기억력이 나쁘다.
- 걸을 때 다리 관절이 어색하게 움직인다.
- 간지럼을 잘 탄다.

- 앉아 있지 못하고 많이 돌아다닌다.
- 어깨가 뭉치고, 등이 뻐근하고, 허리 통증이 있다.
- 똑바로 누워 자는 것을 싫어한다.
- 허리가 꽉 끼는 옷이나 벨트를 싫어한다.
- 자동차 안전벨트를 싫어한다.

어떻게 해야 할까?

원시 반사는 일부러 자극을 주는 것이 중요하지만, 아이가 싫어하는 행동 대신 즐겁게 놀면서 자극을 주면 좋습니다. 부모와 아이가 함께하기 좋은 놀이는 간지럽히기 놀이입니다. 아이를 간지럽혔을 때 깔깔 웃고 신나 한다면 '반사가 아직 남아 있구나'라고 생각하고 더 많이 스킨십해 보세요. 스킨십을 아무리 많이 해도 개인차가 있어 어떤 아이는 계속 부족하다고 느낍니다.

이를테면 "이제 충분히 많이 했으니까 이 반사를 보내주자!"라는 상태가 될 때까지 서로의 피부를 많이 맞닿아 보세요. 또 등 자극에 민감하므로 등을 자극하는 데굴데굴 구르는 운동을 많이 해도 효과를 볼 수 있습니다.

대칭성 긴장성 목반사
(STNR, Symmetric Tonic Neck Reflex)
다리를 뻗고 앉아 태도가 불량한 아이처럼 보인다

어떤 반사일까?

대칭성 긴장성 목반사(STNR)라는 어려운 이름이 붙었지만, 알기 쉽게 설명하면 상체와 하체의 움직임이 연동된 반사입니다. 턱을 위로 들면 팔이 펴지고 다리가 구부러집니다. 턱을 숙이면 팔이 구부러지고 다리가 펴집니다. 즉, 상체가 펴지면 하체가 구부러지고, 상체가 구부러지면 하체가 펴집니다.

 아기가 기어다니다 위를 올려다볼 때 자세를 유지하기 위해 필요한 반사입니다. 계속 기어다니다 보면 어느새 반사가 사라지고 서 있을 수 있게 됩니다. 그래서 기어다닌 기간이 짧고 곧바로 무엇인가를 붙잡고 일어선 아이는 이 반사가 남아있을 가능성이 높습니다.

 요즘에는 많이 기어다니지 않고 곧바로 일어서는 아기가 늘었다고 들었습니다. "우리 아이는 금방 일어섰어요"라고 엄마들은 뿌듯해하지만, 사실 반사를 없애려면 마냥 좋은 일이 아닙니다.

아기가 기어다닐 때 턱을 드는 이유는 위를 바라보며 시야를 확보하기 위해서입니다. 그런데 대칭성 긴장성 목반사가 남아있으면 눈의 기능이 제대로 작동하지 못합니다. 또 책을 잘 읽지 못하거나, 칠판을 올려다볼 때 자세가 무너집니다. **칠판 필기**를 힘들어한다면 이 유형에 해당할 수도 있습니다.

수업 시간에는 보통 앉아 있거나 책상에 손을 올려두고 있지요. 그런데 이 반사가 남아있으면 책상에 올려둔 팔은 구부러져 있고 다리는 자연스럽게 펴집니다. 아이는 그럴 의도가 아니었지만 "칠칠하지 못하다", "자세가 나쁘다", "태도가 불량하다"라며 혼이 납니다.

의자 다리에 스파게티처럼 다리를 꼬아서 앉는 아이도 있는데, 이 또한 대칭성 긴장성 목반사가 남아있을 때의 특징입니다. 모두 태도의 문제가 아니라 반사에서 비롯된 문제입니다.

물론 학년이 올라가면 전두엽이 성숙해져 아이도 잘해야겠다는 의식이 생깁니다. 하지만 반사를 억제한다는 건 본능을 억누르는 것이기도 합니다. 잘해야 한다는 마음이 강해질수록 전두엽의 에너지가 집중되기 때문에 정작 해야 할 공부나 일에 집중하지 못합니다. 결과적으로 집중력이 떨어져 배운 내용이 머리에 들어오지 않습니다. 이러한 아이는 몰두할수록 자세가 더 흐트러집니다.

원시 반사를 잘 모르면 '공부하는 태도가 불량하다', '공부하려는 마음이 없다'라면서 의지가 없다고 하며 아이를 꾸짖게 됩니다.

대칭성 긴장성 목반사(STNR)가 남아있을 때 나타나는 증상

- 앉아서 책을 읽을 때 다리를 앞으로 내민다.
- 책상에 팔꿈치를 괸다.
- 수영을 못한다.
- 자세가 나쁘다.
- 줄넘기를 못한다.
- 칠판 필기를 어려워한다. 글씨를 틀리게 쓴다. 행을 헷갈린다.

어떻게 해야 할까?

이 반사로 인해 나타나는 움직임을 더 많이 하는 것이 중요합니다. 두 팔을 앞으로 내밀 때 두 다리는 구부리는 동작을 반복해 보세요. 그리고 네발 기기 자세를 만들고, 배꼽을 바라본다는 느낌으로 등을 둥글게 마는 스트레칭(고양이 스트레칭, 132쪽)도 하면 좋습니다.

다만 아이들은 재미없어 할 수 있으니, 평소에 놀면서 해보세요. Part 2에도 나오는 걸레질 등 집안일에 이 동작을 자연스럽게 섞으면 일석이조입니다.

원시 반사 ⑦

비대칭성 긴장성 목반사
(ATNR, Asymmetrical Tonic Neck Reflex)
교차하는 움직임이 서툴고 글씨를 잘 못쓴다

대칭성 긴장성 목반사가 상체와 하체가 연동하는 반사인데, 비대칭성 긴장성 목반사(ATNR)는 머리가 오른쪽 또는 왼쪽으로 향할 때 같은 쪽 팔다리가 펴지고 반대쪽 팔다리는 구부러지는 반사입니다. 핵심은 머리 방향입니다.

아기가 자고 있을 때 머리가 향한 방향과 같은 쪽 팔다리가 쭉 펴지고, 반대편 팔다리는 구부러지는 모습을 본 적 있나요? 이것이 비대칭성 긴장성 목반사입니다. 손과 눈의 협응력이 발달하려면 꼭 필요한 반사이지만, 계속 남아있으면 손과 눈의 협응력이 오히려 나빠집니다.

눈과 손의 협응력이라는 말이 어렵게 들릴 수도 있는데요, 눈의 움직임에 손의 움직임을 합쳤다는 뜻입니다. 손과 눈의 공동 작업인 셈이죠. 일상생활 속 거의 모든 행동에는 이 협응력이 요구됩니다.

운전을 떠올리면 바로 이해될 겁니다. 밥을 먹을 때, 종이에 글씨를 쓸 때, 장난감을 가지고 놀 때, 운동할 때, 몸을 씻을 때도 우리는 반드시 눈으로 들어온 정보를 바탕으로 손이나 몸을 움직입니다. 즉, 비대칭성 긴장성 목반사가 남아있으면 손과 눈의 연계 동작이 매끄럽지 않아 글씨를 잘 쓰지 못하거나, 칸 밖으로 삐져나오기도 합니다.

또한 글을 읽지 못하는 아이도 많이 있습니다. 그 이유는 글자를 읽을 때 좌우 어느 한 곳만 집중하는 경향이 있기 때문입니다. 소리 내어 읽을 때 틀리거나, 같은 행을 여러 번 읽기도 합니다.

이 반사가 남아있으면 몸의 중앙에 있는 선(정중선)을 넘는 움직임을 어려워합니다. 책을 읽을 때 우리는 가로 글은 왼쪽에서 오른쪽으로, 세로 글은 오른쪽에서 왼쪽으로 읽게 되는데, 이 과정에서 정중선을 넘게 돼 읽다 보면 어느새 균형이 무너집니다.

글씨를 쓸 때도 노트 한가운데에 쓰지 않고 구석에 쓰거나, 노트를 기울여서 쓰기도 하는데 이는 정중선을 넘지 않으려는 무의식적인 행동입니다.

이렇듯 교차하는 움직임을 어려워해서 구기 종목을 못하는 경향이 있습니다. 공을 던지거나, 테니스 라켓을 휘두를 때도 정중선을 넘는 움직임이 있기 때문이죠.

또 머리가 향한 방향과 같은 쪽 팔다리가 함께 앞으로 나가기 때문에 수업 태도가 불량하다며 선생님께 혼이 납니다. 오른손으로 글씨를 쓸 때 왼손으로 턱을 괴고 있는 아이는 이 반사가 남아있을 가능성이 높습니다.

오른쪽이나 왼쪽 어느 한곳에 주의를 기울이면, 다른 곳은 무방비 상태가 되면서 일어나는 일들입니다. 한쪽 손을 구부려서 작업하면 반사가 일어난 쪽의 손을 펴려고 합니다. 게다가 시선이 향하는 곳 외에는 관심이 없기 때문에 과잉 행동이나 ADHD 경향이 있다고 진단받는 경우도 있습니다.

문자나 학습에 깊이 관여하는 반사인 만큼 '학습 장애' 진단을 받는 아이들 대부분이 이 반사가 남아있다고 알려져 있습니다.

비대칭성 긴장성 목반사(ATNR)가 남아있을 때 나타나는 증상

- 걷기, 제자리걸음, 발 바꿔가며 껑충 뛰기를 할 때 같은 쪽 팔다리가 나간다.
- 주로 쓰는 눈, 귀, 손, 발이 일정하지 않다.
- 읽고 쓰는 것을 어려워한다, 말로 설명하는 것을 어려워한다(난독증 경향이 있다).
- 글씨가 지저분하고 반대로 뒤집어서 쓴다.
- 글씨를 쓸 때 노트를 기울인다.
- 글을 읽을 때 중간중간 건너뛴다.
- 계산 실수를 자주 한다.
- 교차하는 움직임이 서툴다(테니스, 탁구, 배드민턴, 춤 등).
- 눈으로 무엇인가를 쫓을 때 정중선을 넘지 못한다(왼쪽에서 오른쪽으로, 오른쪽에서 왼쪽으로).
- 종이에 적은 아이디어를 말로 설명하지 못한다.

어떻게 해야 할까?

비대칭성 긴장성 목반사(ATNR)가 남아있는지 알아보는 방법은 간단합니다. 네발 기기 자세를 만든 뒤, 아이의 머리를 오른쪽이나 왼쪽으로 돌려보세요. 반사가 남아있는 아이는 머리가 향한 쪽의 팔은 펴지고, 반대쪽 팔꿈치는 구부러집니다.

또 다른 방법은, 서 있는 상태에서 아이의 두 팔을 앞으로 쭉 뻗어봅니다. 부모 세대라면 알 수도 있는 중국의 요괴 '강시' 자세입니다. 이 강시 자세에서 머리를 오른쪽이나 왼쪽으로 돌려봅니다. 이때 머리가 향하지 않은 쪽의 팔이 구부러졌다면 반사가 남아있는 것입니다.

이 반사를 없애기 위해서는, 정중선을 넘는 움직임이 서툰 만큼 일부러라도 몸을 교차하는 움직임을 하는 것이 중요합니다. 아이가 구기 종목을 싫어하지 않는다면 함께 캐치볼 같은 공놀이를 해보세요.

바빈스키 반사 (Babinski Reflex)
발을 가만히 두질 못한다, 양말 엄지발가락에 구멍이 나면 위험 신호?

발바닥 바깥쪽을 문지르면 엄지발가락이 발등 쪽으로 휘어지는 반사입니다. 목욕할 때 발바닥을 씻기려는데 아이가 싫어한다면 이 반사가 남아있는 것입니다. 이러한 아이는 긴장하면 엄지발가락이 올라가 양말 엄지발가락에 늘 구멍이 나 있습니다.

반 아이들 앞에서 발표하거나, 합창 대회나 연극 무대로 친구들 앞에 서야 하는 상황이면 발을 꼼지락꼼지락 움직이거나, 파닥거리는 아이를 볼 수 있습니다.

또 "줄 맞추세요"라는 선생님의 지시를 들었을 때 발이 반쯤 떠 있는 아이도 있습니다. 긴장되면 발을 가만히 두지 못하는 이런 아이들은 바빈스키 반사가 남아있습니다.

발뒤꿈치나 발끝으로 걸어 다니고 잘 넘어진다는 특징도 있습니다. 걸을 때 발바닥으로 지면을 지그시 누르지 못해 잘 넘어져 발목 염좌도 자주 생깁니다. 필연적으로 운동을 못하는 아이가 많습니다.

게다가 긴장하면 발이 바깥쪽으로 기울어져 신발 밑창을 보면 바깥쪽만 닳아 있습니다. "제대로 해야지", "똑바로 서 있어야지"라는 말을 들어도 반사로 인해 그런 것이라 아이는 어쩌질 못합니다.

아이가 싫어하지 않는다면 목욕할 때 의식적으로 발바닥을 씻겨주어 이 반사를 없애 주세요. 맨발로 노는 등 발바닥을 자극하는 방법도 효과적입니다.

밥킨 반사 (Babkin Reflex)
집중하면 혀가 나오는 아이는 이 반사가 남아있을 가능성이 높다

밥킨 반사는 손과 입이 연동된 반사입니다. 아기의 손바닥을 가볍게 밀면 입이 벌어집니다. 밥킨 반사가 남아있는 아이는 대단히 많습니다.

아기가 엄마 젖을 먹을 때 동시에 손이 움직이고 가슴을 주무르는 듯한 움직임을 보입니다. 가슴을 주무르면 젖이 나온

다는 것을 알아서 그런 것이 아니라, **입이 움직이면 손도 같이 움직이는 반사라서 그렇습니다.** 즉, 밥킨 반사는 파악 반사와도 연동됩니다.

아이가 손으로 작업하는 일에 집중할 때 입이 반쯤 벌어진 것을 본 적 있지 않나요? 몰두하면 혀가 나오거나, 침이 흐르기도 합니다. 이러한 아이는 밥킨 반사가 남아있을 가능성이 있습니다.

밥킨 반사가 남아있으면 손 자체의 기능이 다 발달하지 않은 경우도 있어 기본적으로 손의 움직임이 서툽니다. 가위를 사용하지 못하거나, 젓가락을 제대로 쥐지 못하거나, 글씨를 제대로 못 쓰는 아이도 있습니다.

학습 능력에도 문제가 생길 가능성이 높습니다. 입 근육의 성장이 느리면 입 주변이 충분히 발달하지 않아 말을 똑바로 하지 못하고 발음도 부정확해집니다. 또 소리를 처리하는 능력이 떨어져 '헬리콥터'를 '헤리콥터', '경찰차'를 '경차차', '비행기'를 '비앵기'라고 발음합니다. 어른들이 말한 단어를 따라 해보려고 해도 정확하게 발음하지 못합니다.

눈이 일정한 속도로 움직이지 않고, 글도 적당히 건너뛰며 읽다 보니 결과적으로 읽기 능력에 문제가 생기고 난독증 진단을 받기도 합니다.

밥킨 반사를 없애려면 손을 많이 사용하는 것이 중요합니다. 기본적으로는 파악 반사를 없애는 해결책을 보고 따라 해 보세요.

공포 마비 반사
(FPR, Fear Paralysis Reflex)
걱정이 지나치게 많다, 티셔츠 태그가 까끌까끌해서 싫어한다

공포 마비 반사는 이름 그대로 공포를 느끼면 움직이지 못하는 반사입니다. 아기가 엄마 배 속에 있을 때. 특히 임신 초기에 스트레스를 받으면 태어난 후 이 반사가 남아있는 경우가 많다고 합니다. 아이가 지나치게 걱정이 많거나, 불안감을 잘 느끼면 이 반사가 남아있을 가능성을 의심해 보아야 합니다.

임신 중에는 마음을 편하게 지내야 한다는 말이 있을 정도로 임산부의 심적 안정감은 배 속에 있는 아기에게 정말로 중요합니다. 첫째 아이를 임신했을 때 엄마는 특히 더 불안해지기 쉽습니다. 둘째, 셋째 아이를 임신하면 비교적 불안하거나 걱정할 일이 줄어듭니다.

따라서 공포 마비 반사는 첫아이에게 남아있을 경우가 많습니다. 공포 마비 반사가 남아있을 때의 특징은 모로 반사와 비슷한데, 여기에 불안 요소가 더해졌다고 보면 됩니다.

- 소리나 빛에 민감하다.
- 스트레스에 취약하다.
- 실패가 두렵다.
- 숨을 자주 멈춘다(긴장하면 몸이 굳어서).
- 자기 긍정감이 낮다.
- 변화를 싫어한다.
- 일이 안 풀리면 짜증을 낸다.
- 옷 소재를 따진다. 태그가 불편하면 옷을 입지 못한다(피부 감각이 민감하다).

공포 마비 반사를 없애는 특별한 방법은 없지만, 이 반사가 남아있는 아이는 다른 원시 반사도 많이 남아있을 가능성도 높습니다. Part 2에 나오는 훈련 중 할 수 있는 것부터 꼭 해보세요.

아이의 버릇이나 행동의 원인을 알면 이제 혼내지 않아도 된다

여기까지 읽고 나면 "우리 아이도 원시 반사가 남아있을까?"라며 걱정을 하는 부모가 많을 겁니다. 여태껏 아이의 일로 고민하던 것들이나, 무턱대고 야단쳤던 일들이 실은 남아있는 원시 반사가 원인이었을 가능성도 있습니다.

그래서 이번에는 일상에서 흔하게 볼 수 있는 아이의 버릇이나 행동, 성격 등에서 어떤 원시 반사가 남아있는지 알아보는 표를 보기 쉽게 정리했습니다. 앞에서 살펴본 증상들과 겹치는 부분이 있을 수도 있지만, 도움이 될 테니 부디 참고해 주세요.

물론 그 버릇이나 행동이 있다고 해서 무조건 원시 반사가 남아있다고 단정 지을 수는 없습니다. 다른 원인도 고려해야 합니다. 그러나 적어도 이 책에 나오는 원시 반사를 없애는 훈련은 어떤 아이에게든 도움이 됩니다.

원시 반사 한눈에 보기

1. 꽉 끼는 옷을 좋아하지 않는다.	갈란트 반사, 페레즈 반사
2. 얌전히 앉아있는 것을 힘들어한다.	갈란트 반사, 페레즈 반사, 대칭성 긴장성 목반사
3. 어둠을 무서워하고 불안해진다.	모로 반사, 공포 마비 반사, 긴장성 미로 반사, 전정신경계
4. 소리에 민감하다.	모로 반사, 공포 마비 반사, 긴장성 미로 반사
5. 빛에 민감하다.	모로 반사, 공포 마비 반사, 긴장성 미로 반사
6. 촉각에 민감하다.	모로 반사, 공포 마비 반사, 긴장성 미로 반사
7. 자동차 등을 타면 멀미가 난다.	모로 반사, 공포 마비 반사, 긴장성 미로 반사, 대칭성 긴장성 목반사
8. 자세가 나쁘다, 등이 말렸다.	긴장성 미로 반사, 대칭성 긴장성 목반사, 비대칭성 긴장성 목반사, 갈란트 반사
9. 균형 감각이 떨어진다.	전정신경계, 대칭성 긴장성 목반사, 긴장성 미로 반사, 모로 반사, 공포 마비 반사
10. 관절이 지나치게 유연하다.	긴장성 미로 반사, 대칭성 긴장성 목반사, 란다우 반사
11. 움직임이 어색하다, 몸의 협응력이 없다.	갈란트 반사, 긴장성 미로 반사, 대칭성 긴장성 목반사, 란다우 반사
12. 머리를 위로 들기 힘들어한다.	긴장성 미로 반사, 대칭성 긴장성 목반사, 란다우 반사, 갈란트 반사
13. 금방 산만해진다.	갈란트 반사, 페레즈 반사, 모로 반사, 대칭성 긴장성 목반사, 란다우 반사, 공포 마비 반사
14. 공을 잘 던지지 못한다.	비대칭성 긴장성 목반사, 파악 반사
15. 공을 잘 차지 못한다.	비대칭성 긴장성 목반사, 긴장성 미로 반사, 바빈스키 반사
16. 글씨를 쓸 때 등이 말린다.	긴장성 미로 반사, 대칭성 긴장성 목반사, 비대칭성 긴장성 목반사

17. 글씨를 쓸 때 입이 움직인다.	밥킨 반사, 먹이 찾기 반사
18. 단추를 잘 잠그지 못한다.	파악 반사, 밥킨 반사, 대칭성 긴장성 목반사, 비대칭성 긴장성 목반사
19. 신발 끈을 잘 묶지 못한다.	파악 반사, 밥킨 반사, 비대칭성 긴장성 목반사
20. 쓰는 것을 어려워한다.	파악 반사, 밥킨 반사, 비대칭성 긴장성 목반사
21. 읽는 것을 어려워한다.	비대칭성 긴장성 목반사, 대칭성 긴장성 목반사, 긴장성 미로 반사, 파악 반사, 밥킨 반사
22. 영어 스펠링을 잘 외우지 못한다.	비대칭성 긴장성 목반사, 대칭성 긴장성 목반사
23. 발끝을 긴장시켜 발끝으로 걷는다.	긴장성 미로 반사, 바빈스키 반사, 공포 마비 반사
24. 평영을 어려워한다.	긴장성 미로 반사, 대칭성 긴장성 목반사, 란다우 반사
25. 자유형 자세에서 호흡을 잘 못한다.	비대칭성 긴장성 목반사
26. 앞구르기를 못한다.	대칭성 긴장성 목반사, 긴장성 미로 반사
27. 체력과 에너지가 없다.	모로 반사, 대칭성 긴장성 목반사, 란다우 반사, 갈란트 반사, 긴장성 미로 반사, 공포 마비 반사
28. 주의력이 부족하다, 집중하지 못한다.	모로 반사, 공포 마비 반사, 긴장성 미로 반사, 대칭성 긴장성 목반사, 갈란트 반사
29. 눈에 띄지 않는다, 수동적이다, 무관심하다.	모로 반사, 공포 마비 반사, 란다우 반사, 긴장성 미로 반사
30. 부끄러움이 많다, 자기주장을 못한다.	모로 반사, 공포 마비 반사, 긴장성 미로 반사
31. 과잉 행동을 한다.	갈란트 반사, 비대칭성 긴장성 목반사, 대칭성 긴장성 목반사, 공포 마비 반사
32. 과잉 행동과 수동적인 모습이 번갈아 나타난다.	대칭성 긴장성 목반사, 모로 반사, 공포 마비 반사

33. 충동적으로 행동한다.	모로 반사, 대칭성 긴장성 목반사, 갈란트 반사
34. 주의 집중을 못한다.	긴장성 미로 반사, 대칭성 긴장성 목반사, 비대칭성 긴장성 목반사, 갈란트 반사
35. 계획을 세우지 못한다.	공포 마비 반사
36. 몸의 정중선을 넘지 못한다.	비대칭성 긴장성 목반사, 대칭성 긴장성 목반사
37. 그림을 그린다. '8'을 그리기 어려워한다.	파악 반사, 비대칭성 긴장성 목반사, 대칭성 긴장성 목반사
38. 감정이 폭발할 때가 있다.	공포 마비 반사, 모로 반사, 긴장성 미로 반사
39. 발음이 부정확하다, 더듬는다.	밥킨 반사
40. 다른 아이들과 놀지 않는다, 싸운다.	모로 반사, 공포 마비 반사, 긴장성 미로 반사, 바빈스키 반사, 파악 반사
41. 촐싹댄다.	모로 반사, 밥킨 반사, 고유 수용성 감각
42. 성급하다.	모로 반사, 밥킨 반사, 페레즈 반사
43. 부주의한 실수가 많다.	비대칭성 긴장성 목반사, 파악 반사
44. 많이 다친다.	비대칭성 긴장성 목반사, 대칭성 긴장성 목반사, 긴장성 미로 반사, 바빈스키 반사
45. 신발을 바로 벗는다.	바빈스키 반사
46. 밥알을 흘린다.	파악 반사, 밥킨 반사, 대칭성 긴장성 목반사

알아두기

원시 반사는 언제까지 있을까?

각 원시 반사가 언제 나타나고 언제 소실되는지 알 수 있는 대략적인 기준이 있습니다. 다만 정확하게 언제부터 언제까지라고 단정 지을 수는 없고, 책마다 다소의 오차도 있고 개인차도 있습니다. 옆의 표는 어디까지나 참고로 봐주세요.

표에 '생후 몇 개월'이라고 있는 것은, 엄마 배 속의 태아일 때부터 원시 반사가 나타난다는 의미입니다. 이를테면 이 책에서 소개하지는 않았지만 '호흡 반사'는 입에 들어온 것을 강하게 빨아들이는 반사를 말합니다. 태어난 아기가 엄마 젖을 먹기 위한 반사이지요. 막 태어났는데 이 반사가 없으면 아기는 젖을 먹을 수 없으니 태아일 때부터 있는 것입니다.

임신 중 초음파 검사에서 태아를 보면 입을 빠끔거리는 모습을 볼 수 있습니다. 손이 입에 닿아서 핥고 있는 모습도요. 엄마의 입에서 귀엽다는 말이 절로 나오는 이 행동은 사실 호흡 반사입니다.

모든 원시 반사는 대체로 1~2세, 늦어도 3세 이전에는 소실, 정확하게는 통합됩니다. 본래 유치원에 가기 전이면 기본적으로 원시 반사가 통합되어 몸의 움직임을 조절할 수 있습니다. 약 3세까지는 원시 반사를 통합하는 놀이를 많이 하는 것이 굉장히 중요합니다.

| 원시 반사가 나타나고 소실되는 시기 |

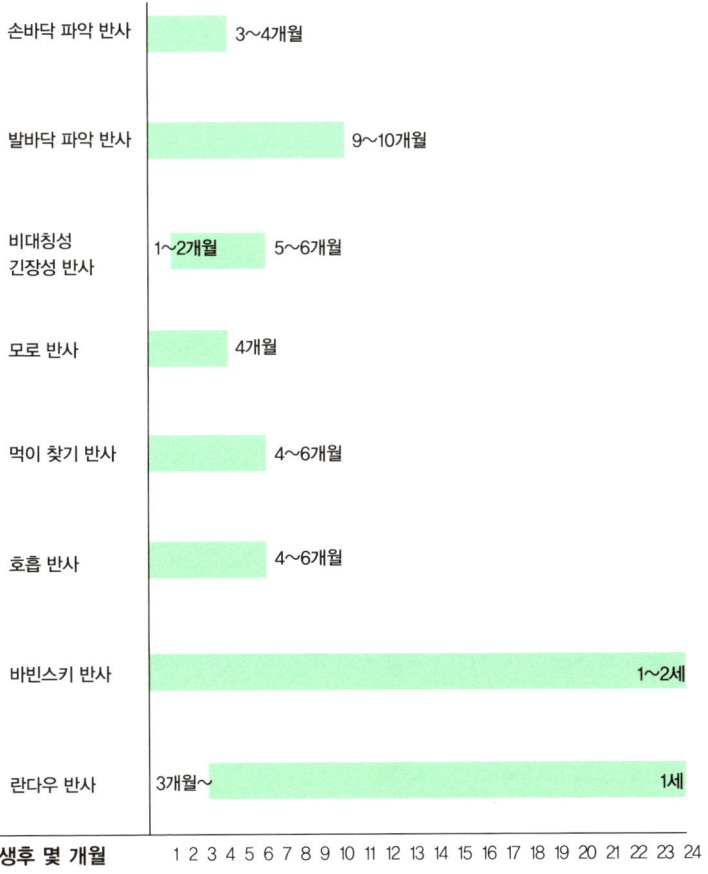

Part 2

하루 2분, 집에서 할 수 있는 뇌간 훈련

부모와 아이가 놀면서 재능을 키우는
20가지 놀이법

어려운 훈련이 아니라
일상 속 즐거운 놀이처럼

 자녀에게 원시 반사가 남아있을 가능성이 있다면 지금 당장 훈련을 시작하고 싶을 겁니다. 하지만 이 순간 부모들은 좌절합니다. "뇌간 훈련을 할 시간이 없다", "아이가 싫어해서 하지 않는다"라는 이유에서죠.

 당연합니다. 훈련을 좋아하는 사람은 없습니다. 엄마, 아빠도 바쁘고요. 사실 저희 두 아이도 원시 반사가 남아있었습니다. 저희도 훈련 방법은 이미 잘 알고 있었고 매일 해야 좋다는 것도 알고 있었습니다. 하지만 "원시 반사를 없애려면 이걸

해야 좋아"라고 설명해도 아이는 어리둥절해할 뿐이었죠. 당연히 이해할 리 없습니다.

이제 어떻게 해야 할까, 고민하던 중 '생활 속에서 재미있고 자연스럽게 노는' 훈련을 떠올렸습니다. 원시 반사 종류별로 반사를 없애는 효과적인 방법을 설명했지만, 철저하게 구분할 필요는 없습니다. 엄마, 아빠가 부담 없이 할 수 있고, 아이가 신나게 할 수 있는 것을 하는 것만으로도 아이는 분명 달라집니다.

"아이가 싫어하지 않고 즐겁게 할 수 있는 것을
고르는 것이 가장 중요합니다."

왜냐하면 원시 반사가 남아있으면 그 반사에 가까운 움직임을 좋아하는 특성과, 반대로 그 움직임에 민감해져 싫어하는 특성이 있기 때문입니다.

사실 반사에 가까운 움직임을 하려는 아이와 거부하는 아이, 두 가지 특성을 모두 가진 아이가 있습니다. 그 움직임을 좋아하는 아이를 시커(seeker, 추구하는 아이), 싫어하는 아이를 어보이더(avoider, 피하는 아이)라고 합니다. 원시 반사를 통합하려면 결국 시커의 움직임, 즉 아이가 하고 싶어 하는 움직임을 하게 해주는 것이 중요합니다.

여기서부터는 큰 힘을 들이지 않고 일상에서 꾸준히 즐겁게 할 수 있는 훈련을 모아놓았습니다. 부디 아이들이 좋아하고, 쉽게 시작할 수 있는 것을 꾸준히 해보세요.

발음이 좋아지는 양치질 : 먹이 찾기 반사

특히 남자아이의 발음이 좋지 않은 경우가 많습니다. 여자아이가 말을 더 잘합니다. 보통 2세 정도 되면 "엄마, 있다", "밥, 먹을래" 등 두 단어로 문장을 말할 수 있고, 3세가 되면 "엄마, 과자 줘"처럼 세 단어의 문장을 말할 수 있습니다. 반면 남자아이는 아기처럼 말합니다.

특히 초성 발음이 정확하지 않다는 특징이 있습니다. 예를 들면 '비행기' → '이행기', '호빵맨' → '오빵맨'처럼 가족들만 알아듣고, 다른 사람들은 알아듣지 못합니다. 부모의 눈에는 이런 두 살 아이의 모습이 귀엽지만, 세 살만 되어도 점점 불안해지기 시작합니다. 하지만 문제가 있어서 그런 게 아닌데 어쩌지 못하고 고민하는 부모들이 의외로 많습니다.

이럴 때 매일 할 수 있는 효과적인 훈련이 양치질입니다. 기본적으로 먹이 찾기 반사가 남아있는 아이는 양치질을 싫어합니다. **강요하면 싫어할 테니 아이의 얼굴을 비비면서 노는 등 최대한 즐겁게 해주세요.**

치카치카 양치질도 하고 발음도 좋아지는 효과

부드러운 칫솔로 천천히 마사지해 주세요. 아직 이가 나지 않은 아이에게 사용하는 '손가락 칫솔(잇몸을 마사지할 수 있는 아기용 칫솔)'로 해도 좋아요. 어른 손가락에 끼워서 아이의 입 속과 볼의 점막 부위를 자극합니다.

볼 부비부비 : 먹이 찾기 반사

먹이 찾기 반사가 남아있는 아이는 발음이 자연스럽게 나오지 않습니다. 양치질을 싫어한다면, 마찬가지로 입 주변의 자극도 싫어해서 입을 벌리지 않으려는 경향도 있습니다. 자기 손으로 입을 만지는 것은 괜찮지만, 다른 사람이 만지면 질색하는 아이도 있습니다. 이런 아이에게는 '볼 부비부비'를 해보세요.

　아이의 볼을 어루만지며 "이것 봐, 보들보들하지"라고 말해보세요. 늘 하는 스킨십의 연장선으로 하거나, 양치질이 끝난 후나, 목욕할 때 얼굴을 씻으면서 해도 좋습니다. 다른 것을 하다가 자연스럽게 넘어가면 접촉을 싫어하는 아이도 거부하지 않을 겁니다.

　얼굴 주변을 만졌을 때 유난히 싫어하는 아이라면 혀 운동을 추천합니다. 앞에서 본 '아이우에 운동'입니다. "아이우에"라고 소리 내면서 입이나 혀를 크게 움직임으로써 원시 반사를 많이 사용하여 없애는 전략입니다. 훈련이라고 생각하면 싫어할 테니 함께 목욕할 때 즐겁게 해보세요.

볼 부비부비로 입 주변을 자극

귀에서 입 쪽으로 양 볼을 3번 정도 손으로 부드럽게 어루만져 주세요.
아래로 조금씩 내려가면서 다른 곳도 부비부비합니다.

코 옆에서 턱 쪽으로 2번 부드럽게 쓸어내립니다.

아이가 싫어하지 않을 정도로 가볍게 시도해 보는 것이 중요합니다.

안아주기 : 모로 반사

모로 반사가 남아있는 아이는 과잉 행동을 하는 경향이 있고, 약간의 자극에도 놀라며, 큰 소리에 취약하다는 특징이 있다고 앞에서 설명했습니다.

얼마 전에도 클리닉에 온 한 어머니가 "우리 아이는 전화벨이 울리면 화들짝 놀라요"라고 했습니다. 모르는 사람이 보면 일부러 놀라는 척하는 것인지 의심할 정도로 말입니다. 그래서 '겁쟁이', '소심하다', '긴장을 잘한다' 같은 말을 듣기도 합니다.

이럴 때는 오히려 **살짝만 놀랄 행동이나 심장이 두근거리는 행동을 즐거운 놀이로 만들어 보세요.** 물론 일부러 놀라게 하거나 무섭게 하라는 뜻은 아니므로 아이가 싫어하면 멈춰야 합니다.

모로 반사는 놀이를 통해 없어지는 경우가 많습니다. 아이가 어떤 움직임을 좋아하는지 찾아보세요.

안아주기로 감각 과민을 개선

목을 감싼 아이의 손을 떼어 뒤로 최대한 눕힙니다. 부모는 아이가 떨어지지 않게 허리를 꽉 잡아주세요.

일어나서 안아줘도 괜찮습니다. 모로 반사가 남아있는 아이는 무서워서 눕지 않으려고 버티거나, 부모의 옷깃을 잡고 떨어지지 않기도 합니다.

불가사리 운동 : 모로 반사

불가사리 운동은 안아주기 놀이를 할 수 없는 어린아이에게 효과적인 운동입니다. 아기에게 나타나는 모로 반사의 움직임에 가장 가까운 동작입니다. 다시 설명하지만, 원시 반사를 없애려면 그 반사와 똑같은 움직임을 하는 것이 기본입니다. 모로 반사로 나타나는 움직임은 '손을 펼쳤다가 오므리는' 동작 그 자체입니다.

불가사리 운동은 등받이가 없는 의자나 밸런스 볼에 앉아 두 팔을 벌려서 뒤로 누우면 되는데, 모로 반사가 남아있는 아이는 이 동작을 굉장히 무서워합니다. 아이가 무서워할 때는 어른이 뒤에 서서 "뒤에 있으니까 누워도 괜찮아"라고 말하며 안심시켜 주세요. 부모는 훈련이 아니라 놀이의 연장이라는 가벼운 마음을 가지되, 모로 반사를 없애야 한다는 의무감은 내려놓는 것이 중요합니다.

모로 반사가 없어지면 아이는 산만함이 사라지고 집중력은 높아집니다. 집중력이 오래 가지 않는 아이도 꼭 한번 해보세요.

산만함은 사라지고 집중력은 높아지는 효과

등받이 없는 의자나 밸런스 볼에 앉습니다.
숨을 내쉬면서 머리를 숙인 뒤 팔을 X자로 만들고
5초간 숨을 멈춥니다.

[잠깐!] 밸런스 볼을 사용할 경우, 뒤로 넘어지지 않도록 주의합니다. 원시 반사가 남아있으면 아이는 뒤로 넘어질까 봐 무서워하니 익숙해질 때까지 어른이 도와주세요.

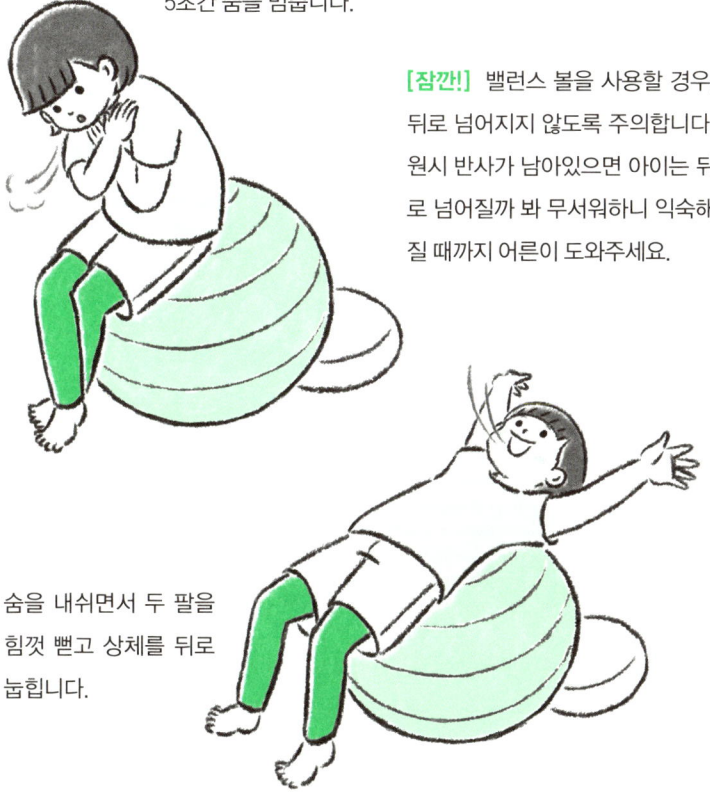

숨을 내쉬면서 두 팔을 힘껏 뻗고 상체를 뒤로 눕힙니다.

밸런스 볼을 사용하지 않고 바닥에서 할 경우, 누워서 천장을 보고 팔다리를 둥글게 말아보세요. 그다음, 숨을 내뱉으면서 두 팔다리를 최대한 크게 펼쳐서 늘려봅니다.

공 떨어뜨리기 : 모로 반사

천장을 보고 똑바로 누운 상태에서 떨어지는 공을 잡는 놀이입니다. 이것도 아이가 좋아하면 굉장히 신나게 할 수 있는 놀이입니다. 공은 맞아도 아프지 않을 정도로 부드럽고, 아이가 배로 받아낼 수 있을 정도의 크기가 적당합니다.

모로 반사가 남아있으면 아이는 떨어지는 공 자체를 무서워합니다. 엄마, 아빠는 공을 잡지 말라고 지적해서는 안 되고, "왜 이런 것도 못하니?"라고 화내서도 안 됩니다.

모로 반사는 싸울지(fight), 도망갈지(flight) 반응에 가장 많이 관여하는 반사입니다. 즉, 목숨이 위태로운 위기 상황에서 생존을 위한 반응에 관여합니다. 부모가 심하게 혼내거나, 훈련을 너무 혹독하게 하면 아이도 잘해야 한다는 생각에 긴장하게 됩니다.

긴장 상태는 모로 반사를 없애는 데 오히려 방해가 됩니다. 얼마나 즐겁게 하는지가 더 중요합니다.

떨어지는 공을 잡아 보자

크고 부드러운 공을 1미터 높이에서
아이의 배 위로 떨어뜨립니다.

[잠깐!] 너무 높은 곳에서 공을 떨어뜨리지 마세요. 아이가 공을 너무 무서워하면 인형으로 바꿔도 됩니다.

아이는 두 손발을 사용해 몸
전체로 공을 잡아봅니다.

잠들기 전 마법의 말 : 모로 반사

모로 반사가 남아있는 아이는 엄마, 아빠의 "왜 고작 그런 일로 긴장하니?", "그런 일로 놀라서 어떻게 하니?"처럼 사소한 말에도 상처받습니다.

아이가 원해서 긴장하는 것도, 놀라는 것도 아니라는 것을 가장 가까운 존재인 부모가 알아주셔야 합니다.

중요한 것은 아이에게 '나는 잘 놀라는 사람이구나'라는 인식을 심어주지 않는 것입니다. 대신 잠들기 전에 마법의 말을 해주세요. '오늘 잘한 일'이 무엇인지 아이에게 물어보고 잘 들어주세요. 그러면 아이는 "나는 오늘 멋졌고, 행복했고, 잘했어"라는 마음으로 하루를 마무리할 수 있습니다.

모로 반사가 남아있는 아이는 스스로에게 자신감이 없는 경우가 많습니다. 잠들기 전 이런 시간이 아이에게 '나는 마음이 편안해지고 안전한 환경에서 부모님에게 보호받고 있다'라는 느낌을 심어줍니다.

행복한 마음으로 잠들 수 있는 긍정의 말

아이에게서 '오늘 잘한 일', '좋았던 일', '기뻤던 일'을 듣고 나서 재웁니다. 아주 짧은 대화라도 괜찮습니다.

아이가 '좋았던 일'을 끝내 말하지 못한다면, "오늘 양치질 잘했던데", "오늘 땀범벅이 될 때까지 실컷 놀았잖아" 등 아이를 긍정해 주는 말을 건네보세요. 그날 있었던 일이 행복한 기억으로 간직하고 잠드는 것이 중요합니다.

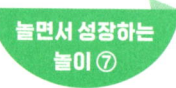

손가락 변신하기 : 파악 반사, 밥킨 반사

파악 반사는 물건을 잡는 반사고, 밥킨 반사는 손과 입이 함께 움직이는 반사입니다. 이 두 반사는 연관성이 높습니다. 이러한 반사가 남아있으면 손가락을 사용하는 동작이 서툽니다. 또 음식을 흘리면서 먹는다는 특징도 있습니다. 먹을 때 우리는 손을 사용하지요. 손을 움직일 때 입도 따라 움직이면, 입이 완전히 다물어지지 않아 음식을 흘립니다. 이런 일이 많아지면 부모는 힘들게 치우다가 갑자기 화가 치솟지만, 사실 '반사' 때문에 생긴 일이라 화낸다고 달라지는 건 없습니다.

이러한 반사를 없애기 위해서는 다른 무엇보다 손가락을 사용하는 놀이를 해야 합니다. 손을 많이 움직이면 뇌를 자극해서 입의 반사도 사라집니다.

요즘은 집에서 손으로 하는 놀이가 대부분 사라졌습니다. 유치원이나 어린이집에서 가끔 볼 수 있는 정도입니다. 손으로 하는 놀이는 병원에서 대기하거나 차를 탔을 때 등 장소를 불문하고 할 수 있다는 장점이 있습니다. 손 놀이를 할 수 있는 유명한 동요에는 '열 꼬마 인디언'이 있습니다. 아이와 함께 해보세요.

가위바위보로 무엇을 만들까?

가위바위보로 어떤 모양을 만들지 아이의 상상력을 키우는 재미도 있어요.

주먹 보자기 운동 : 파악 반사, 밥킨 반사

손 놀이를 할 수 있는 동요도 좋지만, 주먹과 보자기만으로 더 쉽고 즐겁게 노는 방법도 있습니다. 손 놀이 동요를 싫어하는 아이나, 아직 어려서 따라 하지 못하는 아이들도 할 수 있습니다.

"주먹 해봐"라고 말해 아이가 주먹을 쥐면, "자, 이제 활짝 펴서 보자기를 만들자" 하면서 손을 펼치게 합니다. 물론 완벽하지 않아도 괜찮습니다. 함께 '까꿍 놀이'를 하면서 손을 펼치게 하거나, 가위바위보를 할 수 있는 아이라면 함께 가위바위보를 해보세요.

이 '주먹 보자기 운동'은 어른들에게도 좋습니다. 아이뿐 아니라 할머니, 할아버지의 치매 예방에도 도움이 됩니다.

파악 반사는 발에도 나타나기 때문에 발을 사용하는 놀이도 있습니다. 손발을 번갈아 가며, 주먹 모양으로 쥐었다 펴는 이 놀이는 어른들도 바로 번갈아 내지 못할 정도로 어렵습니다. 부모와 아이가 함께, 또는 할머니, 할아버지와 손주가 함께 이 놀이를 해보세요.

부모와 아이가 함께 놀면서 뇌를 깨우는 효과

보자기 내고, 주먹은 가만히

부모의 '자!' 하는 신호에 오른손과 왼손을 바꿉니다.

주먹 내고, 보자기는 가만히

손뼉을 한 번 마주치고 손 모양을 바꿔보세요. 아니면 발도 합세해 오른손과 왼발은 보자기를 내고, 왼손과 오른발은 주먹을 내는 동작을 반복하면 난이도가 훨씬 어려워집니다.

주물주물 점토 만들기 : 파악 반사, 밥킨 반사

손으로 하는 놀이 외에 손을 많이 사용하는 놀이에는 점토가 있습니다. 언제든 바로 할 수 있게 집에서는 바로 꺼낼 수 있는 곳에 두세요. 아이의 손이 닿는 곳이면 더 좋습니다.

파악 반사나 밥킨 반사가 남아있는 아이는 점토 놀이를 좋아하는 경우가 많고, 너무 하고 싶어서 동동거리는 아이도 있습니다. 아이가 만족할 때까지 하게 해주세요.

밥킨 반사가 남아있는 아이는 긴장하면 입이 벌어지는 특징이 있다고 했습니다. 학예회 무대에 오르거나 줄 맞춰 서거나, 중요한 순간에 혀를 옆으로 빼꼼 내미는 아이가 있지 않나요?

"입이 야무지지 못하네", "칠칠치 못하기는" 같은 말로 혼내지 말아 주세요. 그럴 때는 점토 놀이를 하거나 집에서 함께 요리를 해보면 어떨까요?

점토 놀이 감각으로 할 수 있는 놀이가 함박 만들기입니다.

"오늘은 혀가 쏙 나왔네. 우리 같이 함박을 만들어 볼까?"라면서 함박 반죽을 주물주물 만지는 재미가 있답니다.

손을 자극하며 점토를 만들어 보자!

주걱 등 도구를 사용하지 않고
최대한 손으로 주물주물 해보세요.

주물주물 함박 요리의 조수가 되어 보자!

함박 반죽을 그릇에 넣고 함께 주물주물 해보세요.
함박 반죽이 둥근 모양이 될 때까지 아이가 합니다.

어린이용 작은 그릇에
반죽을 넣고 해도 괜찮습니다.

데굴데굴 구르기 : 긴장성 미로 반사(TLR)

긴장성 미로 반사(TLR)는 귀 부근에 있는 전정신경계와 고유수용성 감각의 반사입니다. 이 반사가 남아있는 아이는 균형감각이 떨어지고, 자동차 등을 타면 멀미가 잘 납니다. 차멀미는 병은 아니지만 유치원 버스를 타거나 초등학교 소풍으로 버스 타는 일이 많아지면 힘들어지는 상황이 발생할 수 있습니다. 이번 기회를 통해 이 반사를 꼭 없애 보세요.

긴장성 미로 반사가 남아있는 아이는 머리를 들거나 숙이는 자세가 잘 되지 않아 매트에서 앞구르기 하는 자세가 이상하거나, 무서워서 아예 시도조차 하지 않습니다. 체육 수업에서 반드시 해야 하는 분위기라면 잘하지 못해도, 집에서는 놀면서 편안하게 할 수 있을 겁니다. 몸을 굴리는 재미에 익숙해져 봅니다. 집에서 엄마, 아빠와 함께 침대나 이불에서 데굴데굴 구르기 해보세요. 계속 반복하는 사이 앞구르기에 대한 공포가 줄어들고 반사도 점점 사라집니다. 게다가 데굴데굴 구르면 등에도 자극이 와 갈란트 반사를 없애는 데도 효과가 있습니다.

침대에서 데굴데굴 굴러 보자!

침대나 이불에서 엄마나 아빠와 함께 데굴데굴 구르는 놀이를 해보세요. 앞구르기는 못하더라도 데굴데굴 옆으로 구를 수 있다면 충분합니다. 굴러서 멀리 갔다가 다시 돌아오고 방향도 바꿔보세요. 일요일 아침 같은 여유로운 날에 해보세요.

밸런스 볼 & 밸런스 보드 타기 : 긴장성 미로 반사(TLR)

긴장성 미로 반사가 남아있는 아이는 머리가 흔들리는 움직임만 즐겨도 효과가 있으니 밸런스 볼에 앉아 몸을 흔들거려 보세요. 몸을 위아래로 움직이는 동작도 좋습니다. 아이가 밸런스 볼에 앉지 못한다면 밸런스 보드를 사용해 보세요. 밸런스 볼보다 쉽게 균형을 잡을 수 있습니다.

원반 모양의 밸런스 보드에 올라가 균형을 잡고 오래 버티고 있으면 균형 감각이 길러집니다. 어린이용 중에는 목재 소재도 있고, 스케이트보드의 확장판처럼 길고 얇은 모양도 있습니다.

다만 긴장성 미로 반사가 남아있는 아이는 균형을 잡기 어려우므로 아이가 특히 어리다면 엄마나 아빠가 반드시 옆에 있어야 합니다. 균형이 무너져 다치지 않게 살펴주세요. 어디까지나 놀이처럼 즐길 수 있어야 하고, 훈련처럼 실패하면 혼날 것 같은 긴장된 분위기가 되지 않도록 하는 것이 중요합니다.

균형 감각이 좋아지는 효과

밸런스 보드에 올라가 떨어지지 않게 균형을 잡아 봅니다. 얇고 긴 스케이트보드 모양이라면 엄마나 아빠와 손을 잡고 함께 올라가도 괜찮습니다.

[잠깐!] 균형이 무너져 다치지 않게 어른이 옆에서 지켜봅니다.

밸런스 볼에 앉아 상체를 위아래로 움직이며 즐겁게 흔들어 보세요.

그네 타기 : 긴장성 미로 반사(TLR)

공원에 가면 꼭 그네를 타보세요. 긴장성 미로 반사가 남아있는 아이는 그네를 매우 싫어하는 경향이 있습니다. 요즘은 위험하다는 이유로 공원에서 놀이기구가 점점 사라지고 있습니다. 빙글빙글 회전하거나 흔들거리는 놀이기구가 없어진다는 것은 곧 '머리를 움직일 수 있는' 놀이가 적어진다는 뜻이기도 합니다.

긴장성 미로 반사가 남아있는 아이는 철봉을 잡고 앞으로 돌거나 거꾸로 올라가는 동작을 어려워합니다. 많고 많은 놀이기구 중 이런 아이들에게 가장 효과적인 놀이기구는 그네입니다. 그네는 앞으로 밀면 턱이 들려 머리가 뒤로 넘어가고, 뒤로 가면 자연스럽게 몸이 둥글게 말려 머리를 숙이게 됩니다.

하지만 긴장성 미로 반사가 남아있는 아이는 머리를 숙이면 몸이 한껏 움츠러들기 때문에 그네를 매우 무서워합니다. 또 속도가 빨라지면 민감해져 "너무 세게 밀지 마!", "너무 빨라!" 등 모로 반사까지 나오는 아이도 있습니다. 하지만 그네를 타면서 반사가 점점 사라지고 두려움도 없어집니다.

흔들흔들 그네를 즐겁게 타 보자!

엄마, 아빠는 반드시 옆에 있어 주세요. 느린 속도로 그네를 타다가 아이가 속도에 적응하면 등을 밀어주면서 속도를 조절합니다.

놀면서 성장하는 놀이 ⑬

곰돌이 걸음으로 시합하기 : 긴장성 미로 반사(TLR)

긴장성 미로 반사가 남아있는 아이는 머리를 숙이면 마치 넘어질 것 같은 느낌이 들기 때문에 정말로 무서워합니다. 발이 걸려 넘어지면 의기소침해지는 아이도 있습니다. '그거 좀 넘어졌다고 기가 죽다니'라고 생각하기 쉽지만, 반사로 인해 일어난 일이라 아이는 엄청난 공포를 느낍니다.

또 고개를 숙이면 몸이 흔들리고 자세가 유지되지 않아 고소공포증이 생기는 아이도 있습니다. 높은 곳에서 고개를 숙이면 그대로 떨어질 것 같은 느낌이 들기 때문입니다. 그래서 정글짐도 싫어합니다. 의욕이 없거나 겁이 많아서 그런 것이 아닙니다.

처음부터 높은 곳에서 훈련할 수 없으니 먼저 놀면서 반사를 없애 보세요. **네발 기기 자세는 긴장성 미로 반사를 통합하는 데 좋습니다.** 이 자세에서 많이 돌아다니거나, 엄마, 아빠와 시합해도 굉장히 즐겁습니다.

엉금엉금 곰돌이처럼 네 발로 시합하기

두 손발로 바닥을 기어다니는 자세를 만듭니다. "준비, 시작!" 구호와 함께 앞으로 기어나갑니다. 엄마나 아빠, 형제와 함께 시합을 즐겨보세요.

> 놀면서 성장하는 놀이 ⑭

슈퍼맨 흉내 내기 : 란도우 반사, 긴장성 미로 반사(TLR)

아기를 바닥에 엎드리면 아기는 머리를 들고, 몸은 한껏 휘어지면서 몸과 다리는 쭉 펴집니다. 반대로 머리를 숙이면 몸과 다리에 굴곡이 생깁니다. 이것이 란도우 반사입니다.

  머리를 숙이거나, 머리를 수평으로 유지하거나, 머리를 들어 올리는 움직임과, 몸과 하체의 움직임이 연동됩니다. 이 반사는 코어 근육을 많이 사용하기 때문에 자세를 유지할 때도 중요합니다.

  란도우 반사가 남아있는 아이는 균형 감각이 나쁘고 상체와 하체의 근육이 협응하는 움직임이 어색합니다. 이 반사를 충분히 사용하지 않고 성장하면 자세가 나쁘거나, 자주 넘어지거나, 집중력이 떨어집니다.

  '슈퍼맨 흉내 내기'는 코어 근육 중 특히 등 근육을 키울 수 있는 놀이입니다. 란도우 반사 외에 갈란트 반사와 긴장성 미로 반사를 없애는 효과도 있습니다.

야호~ 나는 슈퍼맨이다 ♪

슈퍼맨이 하늘을 날듯이 두 팔다리를 바닥에서 띄워 쭉 뻗습니다. 등이 휘어지는 감각을 유지하면서 흔들리지 않게 집중합니다. 팔다리는 최대한 멀리 보냅니다. 이불이나 바닥에서 "함께 하늘을 날자~", "오른쪽(왼쪽)으로 돌아볼까?"라고 말하면서 하늘을 나는 흉내를 내보세요.

신나는 크로스 댄스 : 비대칭성 긴장성 목반사(ATNR)

비대칭성 긴장성 목반사(ATNR)는 머리가 오른쪽 또는 왼쪽으로 향하면 같은 방향의 팔다리가 펴지고, 반대 방향의 팔다리는 구부러지는 반사입니다. 이 반사를 없애려면, 몸통을 좌우로 나눴을 때 중심이 되는 정중선을 넘거나, 이 선을 넘나드는 놀이를 해보세요. 우리 집 아이들이 가장 즐거워하는 놀이는 바로 댄스입니다. 그중 '플로스(FLOSS)'라는 댄스를 가장 좋아하는데, 미국 코미디 프로그램에 등장해 화제가 되었습니다. 덴털 플로스(치실 댄스)와 동작이 비슷해서 지금 아이들 사이에서 인기입니다.

'핸드 클랩(HAND CLAP)'도 권장하는 댄스입니다. 이 댄스는 정중선을 넘는 동작으로 이루어져 있고 리듬감도 있어 소뇌를 사용할 수 있는 놀이입니다.

텔레비전을 보면서, 목욕하고 나서, "잘 다녀와"라고 배웅하면서 등 언제 어디서든 서서 할 수 있다는 장점이 있습니다. 정말로 신이 납니다.

손발을 좌우 번갈아 가며 재미있게 움직이기

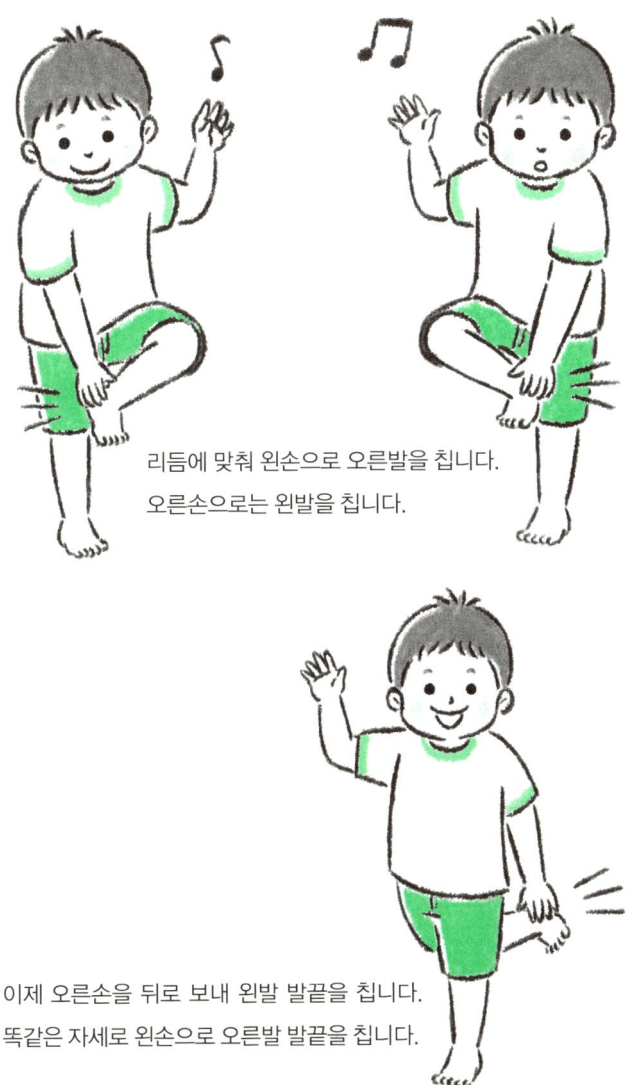

리듬에 맞춰 왼손으로 오른발을 칩니다.
오른손으로는 왼발을 칩니다.

이제 오른손을 뒤로 보내 왼발 발끝을 칩니다.
똑같은 자세로 왼손으로 오른발 발끝을 칩니다.

놀면서 성장하는 놀이 ⓰

지휘자 따라 하기 : 비대칭성 긴장성 목반사(ATNR)

바로 앞에서 정중선을 교차하는 놀이를 보았습니다. 이 밖에도 오른쪽은 오른쪽으로, 왼쪽은 왼쪽으로 움직이는 동작도 비대칭성 긴장성 목반사(ATNR)를 없애는 데 도움이 됩니다. 그중 저희가 클리닉에서 많이 알려드리는 놀이가 '지휘자' 놀이입니다.

아이들은 곧잘 지휘자를 흉내 내죠. 이것만 해도 효과가 있습니다. 유튜브에 '지휘자'를 검색하면 동영상이 많이 나오니 오케스트라 지휘자가 된 것처럼 즐겁게 따라 해보세요.

정중선을 넘는 움직임이 있는 운동으로는 캐치볼, 라크로스, 테니스, 배드민턴을 추천합니다. 아이가 좋아하는 운동을 시켜 보세요. 다만, 오른손잡이는 오른손만 사용하고 왼손잡이는 왼손만 사용하는 경향이 있는데, 그러면 몸의 균형이 잡히지 않으니 가능하다면 양손을 써보세요.

그런 의미에서, 단순하지만 효과가 확실한 운동이 옛날부터 있던 국민 체조입니다. 집에서도 꼭 한 번 해보세요.

정중선을 넘는 움직임이 자연스러워지는 효과

긴 젓가락이나 종이를 돌돌 말아 지휘봉 대신 휘둘러도 좋아요.

아이가 좋아하는 음악을 틀어놓거나, 텔레비전을 보면서 지휘자가 된 것처럼 최대한 크고 과장된 몸짓으로 지휘봉을 휘둘러 봅니다. 긴 젓가락이나 종이를 돌돌 말아 지휘봉 대신 휘둘러도 좋아요.

걸레질 시합하기 : 대칭성 긴장성 목반사(STNR)

대칭성 긴장성 목반사는 네발 기기 자세에서 턱을 들면 팔은 펴지고 다리는 구부러지며, 반대로 턱을 내리면 팔이 구부러지고 다리가 펴지는 반사입니다. 즉, 상체와 하체의 움직임이 연동되어 있습니다. 기어다닌 기간이 짧았던 아이는 이 반사를 충분히 사용하지 못해 대칭성 긴장성 목반사가 남아있을 가능성이 높다고 이야기했습니다.

그렇다면 해결책은 간단합니다. 기어다니는 동작을 많이 하면 됩니다. 그런데 이젠 아기가 아니니 걸레질을 놀이처럼 해보면 어떨까요? 요즘은 학교에서 걸레질을 하지 않으니, 집에서 엄마, 아빠와 누가 더 빨리 닦는지 겨뤄봐도 좋습니다. 집도 깔끔해지고 아이도 즐거운 두 마리 토끼를 잡을 수 있습니다.

긴장성 미로 반사를 없애는 놀이 중 걸레질과 동작이 같은 '곰돌이 걸음으로 시합하기'를 해도 같은 효과를 볼 수 있습니다. 게다가 걸레를 짜는 동작은 파악 반사를 없애는 효과도 있습니다.

부모와 아이가 걸레질로 시합하기

걸레를 준비한 뒤 엄마, 아빠와 함께 "준비, 시작!"을 외칩니다. 자연스럽게 턱을 들고 앞을 보게 되므로 대칭성 긴장성 목반사를 없애는 효과가 있습니다. 시합이 끝나면 아이가 직접 걸레를 빨고 물을 짜게 해보세요. 파악 반사를 없애는 효과도 있습니다.

고양이 스트레칭 : 대칭성 긴장성 목반사(STNR)

저희 딸도 대칭성 긴장성 목반사가 남아있었습니다. 초등학교에 입학한 뒤에야 칠판 필기를 못한다는 것을 알게 되었습니다.

이 반사가 남아있으면 칠판을 보려고 턱을 들 때 다리가 펴집니다. 필기할 때 다리를 펴고 있으니 버릇없게 보입니다. 아이가 똑바로 앉으려고 노력할수록 머릿속은 새하얘지고 수업 내용은 머리에 들어오지 않는다는 모순이 발생합니다. 그래서 딸과 함께 고양이 스트레칭을 하였고 지금은 이 반사가 사라졌습니다.

매일 아주 잠깐이면 됩니다. 게다가 '스트레칭'이라기보다는 놀이처럼 했더니 딸도 싫은 내색 없이 즐거워했습니다.
대칭성 긴장성 목반사가 사라지면 바른 자세가 되고 책상에 앉아 집중할 수 있게 되는 긍정적인 변화도 느낄 수 있습니다.

수업을 듣는 자세가 좋아지는 효과

네발 기기 자세를 만든 뒤, 머리를 안쪽으로 말면서 엉덩이를 천천히 발뒤꿈치 쪽으로 내립니다. 팔과 팔꿈치는 일자로 폅니다. 등이 너무 말리거나 쳐지지 않게 주의합니다.

네발 기기 자세에서 그대로 엉덩이를 발뒤꿈치로 내리면서 몸을 앞뒤로 흔들기만 해도 충분합니다.

쓱쓱 몸 문지르기 : 갈란트 반사, 바빈스키 반사

갈란트 반사는 허리 주변에서 나타나는 반사이고, 바빈스키 반사는 발바닥에서 나타나는 반사입니다. 이 반사를 없애려면 일부러 그 부위를 자극해야 합니다. **목욕할 때 등이나 허리 주변, 발바닥을 잘 씻겨주기만 해도 효과가 있습니다.** 또 아이와 함께 목욕하면서 할 수 있는 놀이는 요즘은 보기 힘들어진 '마른 수건으로 몸 비비기'입니다.

요즘은 아이 피부에 자극을 주지 않으려고 풍성한 거품을 내어 손으로 부드럽게 씻긴다고 합니다. 물론 갓난아이나 피부가 예민한 아이의 피부를 자극할 필요는 없지만, 반사를 없애려면 어느 정도의 피부 자극은 필요하다는 사실도 알아야 합니다.

옛날에는 부모와 아이가 함께 목욕하면서 서로의 등을 씻겨주곤 했습니다. 할아버지 등을 힘 있게 밀면서 씻겨드리는 모습도 이젠 보기 힘들어졌습니다. 아이와 부모 또는 할아버지, 할머니와 스킨십을 하면서 반사를 없애 보세요.

마른 수건으로 몸을 문지르며 피부와 뇌 자극하기

보들보들한 마른 수건을 접어서 팔다리를 천천히, 부드럽게 문질러 주세요.

[잠깐!] 목욕할 때 하면 더 쉽지만, 얇은 옷을 입은 상태에서 해도 충분합니다.

수건을 펼쳐 두 손으로 잡은 뒤 위아래로 문질러 주세요.

좋아하는 노래를 부르는 등 즐거운 분위기에서 합니다.

시각 훈련 : 비대칭성 긴장성 목반사(ATNR), 란도우 반사

비대칭성 긴장성 목반사나 란도우 반사가 남아있는 아이는 시각 기능이 미숙한 경우가 많아서, 원시 반사를 없애면서 시각 기능 훈련을 하기도 합니다.

눈을 움직임으로써 눈의 3가지 신경인, 제3뇌신경(동안신경), 제4뇌신경(활차신경), 제6뇌신경(외전신경)을 자극합니다. 이 신경의 출발 지점이 바로 **뇌간에 있는 중간뇌인데 원시 반사가 시작되는 지점과 같습니다.**

시각 훈련을 하면 중간뇌에 자극이 가기 때문에 원시 반사를 없애는 데도 효과가 있다고 할 수 있습니다. 게다가 시각 훈련을 하면 문자 정보가 들어오기 수월해집니다.

아이들만의 문제가 아니라, 요즘 스마트폰을 보는 시간이 계속 늘어나고 있습니다. 원격 근무나 원격 수업으로 컴퓨터나 태블릿을 사용하는 사람도 많아졌습니다. 스마트폰이나 컴퓨터 화면을 볼 때 우리는 안구를 거의 움직이지 않습니다. 굉장히 무서운 일이지요. 말인즉슨 시각 훈련은 원시 반사를 없애려는 사람뿐 아니라 모든 사람에게 필요한 훈련입니다.

이제 구체적인 시각 훈련법을 살펴보겠습니다. 아주 간단하면서도 3가지 신경을 모두 사용할 수 있습니다.

- **시각 훈련 1**

  ① 눈을 위아래, 오른쪽 왼쪽, 대각선(오른쪽 위에서 왼쪽 아래로, 왼쪽 위에서 오른쪽 아래로)으로 움직입니다.

  ② 안구를 시계 방향과 반시계 방향으로 크게 한 바퀴씩 돌립니다.

아이가 이 훈련을 할 때는 엄마나 아빠가 "이쪽을 봐봐"라고 말하면서 어디를 봐야 하는지 손가락으로 알려 주세요.

간단해 보이지만 신기할 정도로 아이의 눈은 움직이지 않습니다. 상하좌우로는 움직일 수 있는데, '대각선', '시계 방향, 반시계 방향'은 움직이지 않는 아이가 많습니다. 눈은 움직이지 않는데 얼굴이나 턱이 같이 움직이는 아이도 있습니다.

- **시각 훈련 2**

  ① 오른쪽 엄지손가락과 왼쪽 엄지손가락을 아이 앞으로 내밀어 보세요.

  ② 아이는 오른쪽 엄지손가락과 왼쪽 엄지손가락을 번갈아 보면서 눈을 움직입니다.

오른쪽과 왼쪽을 번갈아 볼 때 눈만 움직여야 합니다. 얼굴이나 목이 같이 움직이지 않게 주의합니다.

- **시각 훈련 3**

두 눈으로 보고 있는지 알아보는 훈련입니다. 두 눈으로 보지 못하면, 어떤 것을 볼 때 시선이 따라가지 못해 글자를 읽을 때 몹시 피로해집니다.

① 종이를 둥글게 말아 막대 모양을 만듭니다.

② 두 눈을 뜬 상태에서 한쪽 눈에 막대 모양의 종이를 대고 먼 곳을 바라봅니다(2, 3m 전방).

③ 아무것도 들고 있지 않은 쪽의 손바닥을 종이 가운데 쪽으로 가져갑니다. 두 눈으로 보고 있다면 손바닥에 구멍이 난 것처럼 보이고, 손바닥 안쪽이 보이는 듯한 느낌이 듭니다.

시각 훈련 1

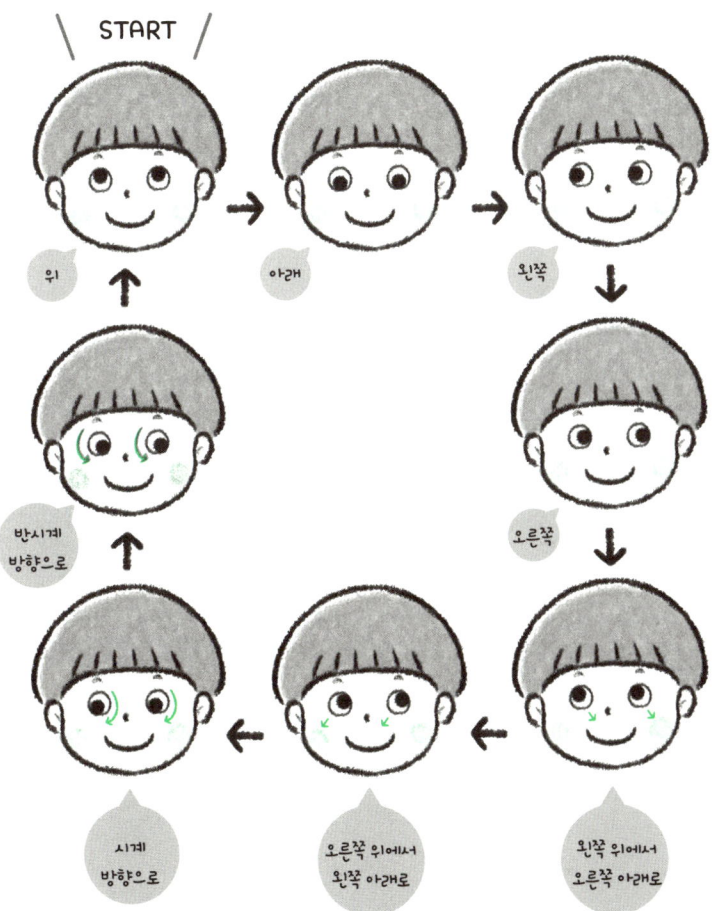

얼굴은 움직이지 않고, 눈만 상하좌우로 움직여야 합니다.

시각 훈련 2

오른쪽 엄지손가락과 왼쪽 엄지손가락을 번갈아 봅니다.

아이가 즐겁게 훈련하고 양쪽 손가락을 잘 볼 수 있도록 손가락 인형을 끼워서 해도 좋습니다.

시각 훈련 3

먼저 A4 크기의 종이를 준비해서 둥글게 만듭니다.

둥글게 만 막대 모양 종이를 한쪽 눈에 갖다 댄 뒤, 반대쪽 눈에서 약 10cm 떨어진 곳에 손바닥을 가까이 대고 두 눈으로 바라봅니다. 그러면 손바닥에 구멍이 난 것처럼 보입니다. 오른쪽으로 본 상(像)과 왼쪽 눈으로 본 상이 겹쳐 보이기 때문입니다.

Part 3

내 아이는 어떤 유형일까?

두뇌 자극으로 몰라보게 달라진 아이들의 이야기

사례 1

집중력 없고, 산수를 못하던 아이가
학원에 다니지 않고도 공부 잘하는 아이가 되다

초등학교 3학년 여자아이

D는 초등학교 3학년 여자아이입니다. 이 아이는 초등학교에 입학하고 한동안은 공부를 싫어하고 못한다는 생각은 하지 못했습니다. 3학년이 되고서야 산수를 못한다는 것을 자각했다고 합니다.

공부하기 싫어했고 집중력도 부족했으며, 책상에 15분 넘게 앉아 있으면 "허리가 아프다", "화장실에 가겠다"라면서 자리에서 일어나는 등 공부할 생각이 없었습니다. 엄마가 알려 주면 산수 문제도 겨우 풀긴 했지만, 일주일이 지나면 다 까먹었다고 합니다.

D는 계산 자체를 못하는 것은 아닙니다. 이를테면 "공원에 어린이가 여섯 명 있습니다. 저녁이 되자 두 명이 집으로

돌아갔습니다. 지금 공원에는 몇 명 있을까요?"라는 문제가 있다고 해봅시다.

누가 질문하더라도 '6-2=4'를 하면 된다는 것을 알고 있습니다. D는 6-2=4라는 계산 자체는 할 수 있습니다. 그런데 서술형으로 문제가 나오면 뺄셈으로 풀어야 한다는 것을 이해하지 못했습니다.

방금 덧셈을 배웠으면 모든 문제를 덧셈으로 풀었습니다. 스스로 생각하기를 포기하고 기존에 알고 있거나 최근에 배운 공식을 사용했죠. 이러다 나눗셈, 곱셈 등 더 많은 공식을 배우면 두 손, 두 발 다 들게 될 겁니다. 학원에 보내도 별 진전 없이 학원비만 날릴 뿐이겠죠.

학원에 다녀도 별 소용이 없겠다 싶어 어머니는 결국 지인에게 과외를 부탁했는데, 일주일이 지나면 배운 내용이 다 휘발돼 처음부터 다시 가르쳤다고 합니다. 그러다 결국 선생님께 "진도가 나가질 않네요"라는 말을 듣게 됩니다. 애당초 10분도 겨우 앉아 있는 거라 계속 공부하기는 무리였습니다.

D는 모로 반사가 강하게 남아있어, 하기 싫으면 도망가

는 경향이 있습니다. 긴장성 미로 반사도 있어 자세가 나쁘고, 고개를 숙이면 팔다리가 움츠러듭니다. 게다가 연필을 제대로 쥐지 못해 글씨를 잘 쓰지 못하고, 너무 꾹꾹 눌러쓴다는 특징이 있었습니다.

참고로 학습 장애가 의심되는 아이들 가운데 비대칭성 긴장성 목반사가 남아있지 않은 아이는 없다고 할 만큼 무조건 남아있습니다. 이 반사가 남아있으면 글씨가 지저분하거나 글을 잘 읽지 못합니다. 이것이 바로 학습 장애 증상입니다.

D는 소뇌의 균형이 나쁘다는 특징도 있었습니다. 소뇌가 충분히 발달하지 않으면 작업 기억(working memory) 기능이 약해져 아주 간단한 문장도 기억하지 못합니다. 즉, 정보를 기억하고 정리해서 행동하지 못합니다. 그래서 계산 문제를 풀 때도 눈에 보이는 숫자를 무작정 더하거나 빼려고 합니다.

게다가 발바닥에 나타나는 바빈스키 반사도 남아있어 어머니가 "목욕할 때 발바닥을 씻겨주려고 하면 몸부림칠 정도로 싫어해요"라고 말할 정도였습니다.

D처럼 모로 반사가 강하게 남아있는 아이는 평소에도

"일단 뭐라도 써야지", "제대로 못하면 혼날 거야" 같은 긴장감이나 불안이 강하게 표출되는 경향이 있습니다. 이런 가운데 부모나 선생님에게 지적당하거나, 반대로 그들의 기대에 부응하지 못하면 이를 민감하게 받아들여 점점 자기 긍정감이 낮아집니다.

그래서 "아이의 능력을 끌어올리려면 일상에서 원시 반사를 하나하나씩 천천히 통합해 나가는 게 좋겠어요"라고 말씀드렸습니다. 부모님께는 조바심을 내지 않고 느긋한 마음으로 즐기라고 당부드렸습니다. 제한 시간을 정하고 그 안에 계산하지 못하면 아이에게 알려 주고, 다 풀지 못해도 "할 수 있는 데까지만 보여줘"라고 말하게 했습니다.

서너 달 정도 열심히 한 결과, 요즘은 덧셈, 뺄셈이 나오는 서술형 문제도 잘 이해하고, 하고 싶어 하던 피아노도 배우기 시작했습니다. 피아노는 오른손과 왼손의 움직임이 달라서 비대칭성 긴장성 목반사가 남아있는 아이에게 굉장히 도움이 됩니다. **이제 피아노도 조금씩 잘 치고 계산 문제도 곧잘 푼다고 합니다.**

D의 사례를 보면 알 수 있듯이, 원시 반사를 없애기 위해

고강도 훈련을 하거나 학원에서 스파르타식으로 배우지 않아도 됩니다. 이렇듯 일상에서도 통합할 수 있다는 큰 장점이 있으니까요.

 알아두기

학습 장애와 원시 반사에 대해

학습 장애에는 아래와 같이 세 가지 종류가 있습니다.

- **난독증(Dyslexia)**
  글자를 읽지 못한다, 발음을 기억하지 못한다, 단어를 이해하지 못한다 등
- **난서증(Dysgraphia)**
  글씨를 잘 쓰지 못한다, 문자와 발음을 연결하지 못한다, 문자의 형태를 인식하지 못한다 등
- **난산증(Dyscalculia)**
  간단한 계산을 하지 못한다, 시계를 보지 못한다, 숫자 개념을 이해하지 못한다 등

난독증과 난서증은 통틀어서 '읽고 쓰기 장애'라고 불리는 경우가 많으며, 세 종류의 학습 장애를 모두 가지고 있는 아이도 있습니다.
학습 장애라고 해도, "우리 아이는 난독증이에요"라고 바로 진단하기는 어렵습니다. 우리 아이가 학습 장애일 가능성이 있다면 부모는 자신들이 할 수 있는 일을 해나갈 수밖에 없습니다. 그중 하나가 바로 원시 반사를 없애는 뇌간 훈련입니다.

사례 2

읽고 쓰기를 어려워하고, 글씨가 지저분한 아이는 쓰기 연습보다 부모와 함께하는 놀이가 더 효과적이다

초등학교 2학년 남자아이

초등학교 2학년인 E는 글씨가 지저분하고 글자 간격이나 배치가 불균형하다는 큰 특징이 있었습니다. 학교에서 그날 있었던 일을 공책에 기록하는데, 뭐라고 썼는지 어머니도 알아보지 못할 정도였습니다.

 게다가 날림으로 쓰거나 잘못 쓰기도 했습니다. 모음의 위치가 좌우 바뀌었거나, 거울에 비친 것처럼 뒤집거나, 받침이 유달리 커서 균형이 맞지 않았습니다. 이는 비대칭성 긴장성 목반사가 남아있는 아이들에게 많이 보이는 특징입니다.

 당연히 글자 연습을 할 때도 실수투성이였습니다. 음독할 때도 어미를 얼버무리거나 한 줄 건너뛰고 읽었습니다. 독해력이 없다 보니 국어 서술형 문제는 너무 풀기 어려워서 손도 대지 않았다고 합니다.

E처럼 읽고 쓰는 것을 못하는 아이는 무조건 손을 움직이는 놀이를 많이 해야 합니다. 찰흙을 좋아하는 E는 찰흙 놀이를 많이 하도록 했습니다. 어머니는 흙장난처럼 지저분해지는 놀이를 별로 내켜 하지 않으셨지만, 겨우 설득하여 아이가 흙도 모래도 가지고 놀 수 있게 했습니다.

손을 사용할 때 동시에 눈도 사용하는 것이 중요합니다. E는 대칭성 긴장성 목반사도 남아있어 칠판 필기를 어려워했습니다. 그래서 기차를 좋아한다는 E에게는 눈으로 기차를 쫓는 놀이를 알려 주었습니다.

우선 네발 기기 자세를 만듭니다. 약간의 거리를 두고 정면에 있는 벽에 좋아하는 기차 사진을 붙인 뒤, 머리를 들어 사진을 보고 숙였다가, 다시 머리를 들어 기차를 보는 동작을 반복하게 했습니다. 지루함을 느끼지 않게 "오늘은 ○○선이야"라고 알려 주고 매번 사진을 바꿨습니다.

대칭성 긴장성 목반사가 남아있는 아이는 네발 기기 자세에서 머리를 들었다가 숙이면 등이 꿈틀꿈틀 움직이기 때문에, 사진을 주시한 상태에서 머리를 들고 숙이는 동작을 했을 때 등이 움직이지 않을 때까지 꾸준히 했습니다. 이 동작이 가능해지면 바른 자세를 유지하고 칠판 필기도 잘할 수 있습니다.

비대칭성 긴장성 목반사를 없애기 위해 크로스 댄스(HAND CLAP)도 지시했습니다. 정중선을 넘나드는 동작을 해야 해서 아빠와 캐치볼을 하면 좋다고 말씀드렸지만, 아이가 싫어해서 결국 하지 못했습니다. 그러다 라크로스에 푹 빠졌다는 이야기를 들었습니다. 좋아하는 운동을 잘 찾았다는 생각에 기특하더군요. 라크로스도 정중선을 넘는 동작이 있어 좋은 운동입니다.

이 밖에도 할 수 있는 범위 내에서 마른 수건으로 몸을 문지르고, 양치질도 잘하도록 지시했습니다. 그러는 사이, 가장 큰 문제였던 비대칭성 긴장성 목반사가 사라져 지금은 읽고 쓰는 것을 잘하고 있다고 합니다.

얼마 전에는 받아쓰기 시험에서 만점을 받았습니다. 글씨도 깔끔해지고, 공책에 쓴 글씨도 알아볼 수 있고, 물건을 깜빡 놓고 오는 일도 줄어들었습니다.

E에게 가장 강하게 남아있던 반사는 비대칭성 긴장성 목반사였는데, 사실 원시 반사는 여러 종류가 동시에 남아있는 경우가 일반적입니다. 그러니 하나하나 따로 해결할 것이 아니라 E의 가족처럼 할 수 있는 것을 먼저 시작해 보세요. 그래야 아이도 지겨워하지 않고 즐겁게 꾸준히 할 수 있습니다.

87~89쪽 표를 통해 자녀에게 남아있는 반사가 무엇인지 알아본 뒤, 놀이나 운동을 하길 바랍니다. 아이가 좋아하는 놀이가 결과적으로 원시 반사를 없애는 움직임인 경우도 많습니다. 즐거운 마음으로 이것저것 해보다가 자연스럽게 원시 반사가 사라지는 아이도 많습니다.

사례 3

하루 2분으로 언어 지연이 개선되고 잠이 솔솔 오는 놀라운 효과가 있다

초등학교 5학년 남자아이

클리닉에는 자폐 스펙트럼 장애가 있는 아이들이 많이 옵니다. 초등학교 5학년인 F도 그중 한 명이었습니다. 자폐가 있는 아이는 고집이 세고 소리와 빛에 민감합니다. 이 아이도 그러했습니다. 그리고 원시 반사가 많이 남아있었습니다.

F는 모로 반사, 바빈스키 반사가 남아있어 어떤 일을 하든 심한 불안감을 느꼈습니다. 빛과 소리에 민감한 것도 모로 반사의 영향입니다. 또 잠이 잘 오지 않았는데 불안감 탓도 있었지만, 빛에 민감해서 조금만 밝아도 뒤척이곤 했습니다. 게다가 갈란트 반사도 남아있어 잠옷을 입거나 침대에 누웠을 때 등에 간지러운 것이 닿으면 잠들지 못했습니다. 이런 특징도 갈란트 반사와 관련 있는 것으로 보입니다.

갈란트 반사는 야뇨증의 원인이기도 합니다. F도 야뇨증이 있었습니다. 얼마 전 갑자기 밤중에 소변을 본다는 말에 갈란트 반사가 남아있는지 의심스러워 침대 주변에 자극이 될 만한 것이 있는지 어머니께 물었습니다. "그러고 보니 침대에 깐 얇은 이불이 오래돼서 너덜너덜해요"라고 했습니다. 그래서 새 이불로 바꾸길 권하였고 야뇨증은 사라졌습니다.

또 발음이 부정확하고 어휘 발달이 느린 건 먹이 찾기 반사나 밥킨 반사가 남아있기 때문이었습니다. 곧 5학년이 되는데 아직도 손톱을 물어뜯거나 옷을 씹는 버릇도 먹이 찾기 반사의 영향입니다. 모로 반사로 인해 불안해져도 손톱을 물어뜯습니다.

이 밖에도 긴장성 미로 반사와 비대칭성 긴장성 목반사도 남아있는 것으로 확인되었습니다.

어머니는 아이가 툭하면 짜증을 내서 걱정하셨지만, 앞서 설명했듯이 원시 반사(특히 모로 반사)가 강하게 남아있는 아이는 항상 '싸우거나(fight)', '도망가는(flight)' 상태이기 때문에, 지금 상황이 이해되지 않아 싸우는 반응이 나오면

"싫단 말이야!" 하면서 신경질을 내는 경향이 있습니다.

　모로 반사는 소통에도 영향을 미칩니다. 자폐가 있는 아이는 남에게 관심이 없거나 나와 타인의 경계를 구분하지 못하는데 이 또한 모로 반사가 원인일 수도 있습니다.
　이후 F는 손톱이나 옷을 물어뜯는 행동이 줄어들었고 발음도 좋아지게 되면서, 다른 사람들과의 소통도 원활해졌습니다. 툭하면 싫다면서 짜증을 부리긴 했지만, 요즘에는 자신의 욕구를 많이 표현하고 있습니다.
　자폐가 있는 아이의 경우, 자폐 증상처럼 보이는 행동 하나하나에도 원시 반사가 숨어있습니다. 이 모든 걸 일일이 해결하려면 부담이 되고, 매일 종류별로 훈련하려고 하면 아이도 부모도 지치고 맙니다.
　자기만의 속도로 일상에서 할 수 있는 것부터 시작해 보세요. 특히 자폐가 있는 아이라면 그 순간 아이가 가장 하고 싶어 하는 놀이를 함께 해주세요. 그걸로도 충분합니다. 하루에 한 가지 동작을 2분 정도만 해도 아이는 달라집니다.

사례 4

어수선하고 태도가 나쁘다고
혼났던 증상이 점점 사라지다

초등학교 1학년 남자아이

"초등학교에 들어간 후부터 책상에 앉아 있질 못해요"라는 고민으로 어머니와 초등학교 1학년인 G가 클리닉을 찾아왔습니다. 유치원에서는 앉아 있는 시간이 짧아서 어찌저찌 괜찮았는데 초등학생이 되니 산만한 모습이 눈에 띄게 드러나기 시작했다고 합니다.

급식 시간에 돌아다니거나, 선생님이 하는 말에 집중하지 못해 준비물을 깜빡하는 날도 많았습니다. 가장 염려스러운 점은 신경 쓰이는 일이 생기면 갑자기 도로로 뛰쳐나가 가슴이 철렁한다고 했습니다. 이런 상담을 하러 온 부모님 대부분이 "혹시 ADHD인가요?"라고 묻습니다.

문제가 되는 증상을 들어보면 분명 ADHD일 가능성이

높아 보입니다. 하지만 중요한 것은 ADHD를 진단받는 것이 아니라, 이 증상을 어떻게 받아들이고 개선하여 아이의 능력을 끌어낼 수 있을지 고민하는 일 아닐까요? 그 해결책 중 하나가 원시 반사 통합입니다.

ADHD가 의심되는 아이의 부모님은 아이가 시간을 거꾸로 계산하지 못한다고 토로하곤 합니다. 일곱 시 반까지 학교에 도착하려면 일곱 시까지 밥을 다 먹어야 하는데, 시간을 거꾸로 계산해서 생각하고 행동하기 어려워한다는 뜻입니다. 시간 개념이 없는 건지 매번 아슬아슬해지기 전까지는 움직이지 않아 지각을 밥 먹듯이 한다고 말하는 부모님이 많습니다.

이러한 아이는 항상 '지금'을 살고 있어 시간 감각에 둔합니다. 앞으로의 일을 생각하기보다 '지금 당장 신경 쓰이는 일'에 집중합니다.

G도 늘 산만했습니다. 원시 반사 관점에서 말하자면 모로 반사가 남아있는 것이죠. 또 갈란트 반사가 남아있어 책상에 앉아 있지 못하고, 등받이가 신경 쓰여 등을 대지 못하

고 계속 움직입니다.

　게다가 대칭성 긴장성 목반사와 비대칭성 긴장성 목반사도 남아있어 바른 자세를 유지하지 못했습니다. 앉아 있어도 다리를 펴고 있어 선생님 이야기에 집중하지 않고 늘어진 것처럼 보입니다.

　또 파악 반사가 남아있어 연필을 제대로 쥐지 못합니다. "제대로 쥐어봐"라는 말을 들으면 피곤함을 느끼고 10분 정도 지나면 지루하다며 돌아다녔습니다. 어수선하고, 태도가 불성실하고, 자세가 나쁘다는 특징 때문에 학교에서는 선생님께 혼나고 집에서도 잔소리를 듣게 됩니다. 하지만 반사 때문이지 아이가 일부러 그러는 것이 아닙니다.

　ADHD가 있는 아이들이 대개 그러하듯 눈에 띄는 학습적인 문제는 없습니다. 오히려 이해력도 좋고 알아듣게 타이르면 지시도 잘 따릅니다. G의 부모님께도 이 점을 잘 설명하고 놀이를 통해서 원시 반사를 없애보자고 이야기했습니다.

　G는 공놀이를 무척 좋아하여 축구를 하기로 했습니다. 또 어머니가 피아노를 칠 줄 알아서 피아노도 배우도록 했

습니다. 반년 정도 지나자, 아이는 수업 시간에 선생님 이야기를 집중해서 들을 수 있게 되었습니다.

또 예전에는 손을 잡고 걷지 않으면 갑자기 도로로 뛰어들지 않을까 노심초사했는데, 지금은 충동성이 줄어들어 길가 쪽으로 위험하지 않게 걸어 다닌다고 합니다.

사례 5

피아노, 수영, 수학, 영어 등 재능이 연달아 꽃피는 비밀이 있다

초등학교 1학년 여자아이

원시 반사가 통합되면 아이의 잠재된 재능이 꽃피우는 일도 드물지 않습니다. 원시 반사가 사라지면서 뭐든 잘하는 아이가 된 대표적인 예가 초등학교 1학년인 H입니다. 이 아이도 여러 원시 반사가 남아있었습니다.

긴장하면 혀를 내미는 특징이 있는 H는 먹이 찾기 반사가 남아있어 더 어렸을 때는 이름을 물어봐도 제대로 대답하지 못했습니다. 모로 반사도 남아있어 긴장을 잘하고, 큰 소리에 깜짝 놀라거나, 발표회에서도 너무 떨린 나머지 뚝딱거렸습니다.

또 파악 반사의 영향으로 연필을 제대로 쥐지 못해 글씨를 깔끔하게 쓰지 못했습니다. 유치원에서는 어째서인지

"실내화가 자꾸 벗겨진다"라며 선생님께 지적받았습니다. 실내화가 벗겨지거나 양말 엄지발가락에 구멍이 나는 이유는 바빈스키 반사와 관련이 있습니다.

H는 유치원에 다닐 때부터 수영을 배웠는데, 자유형 자세에서 호흡할 때마다 균형을 잃고 가라앉았습니다. 이는 비대칭성 긴장성 목반사가 남아있는 아이들에게 흔하게 나타나는 특징입니다. 비대칭성 긴장성 목반사는 머리가 오른쪽이나 왼쪽으로 향할 때 같은 쪽 팔다리가 곧게 펴지고, 반대쪽 팔다리는 구부러지는 반사를 말합니다.

자유형 자세에서 호흡할 때, 원래는 고개를 든 쪽의 반대편 팔다리가 일직선으로 펴져야 부력을 잘 사용할 수 있습니다. 그런데 비대칭성 긴장성 목반사가 남아있으면, 고개를 든 쪽의 팔다리가 펴져서 균형을 잃고 맙니다. 그래서 부모님께 하루에 딱 2분만 원시 반사를 없애는 놀이를 해보자고 권했습니다.

우선 모로 반사부터 없애기로 했습니다. 아빠가 아이를 안고 최대한 뒤로 눕는 놀이와, 서 있는 아이 뒤에서 아빠가 대기하고 있다가 아이가 뒤로 쓰러지면 받아주는 놀이입니다. 다행히 H는 무서워하지 않고, 텔레비전을 볼 때 까르르 웃으면서 즐겁게 따라 했다고 합니다.

　모로 반사와 바빈스키 반사를 없애려면 밸런스 쿠션이 효과적입니다. 공기가 들어있고 오돌토돌한 돌기가 있는 쿠션이 좋습니다. 쿠션에 앉으면 흔들림이 있어 균형을 잡는 과정에서 모로 반사와 긴장성 미로 반사가 사라지고, 발바닥도 자극돼 바빈스키 반사를 없애는 효과도 있습니다.

　단, 바빈스키 반사가 강하게 남아있는 아이들 가운데는 돌기 자극이 너무 아파서 앉지 못하는 아이도 있습니다.

　어머니는 아이에게 "동영상을 볼 때는 밸런스 쿠션에 앉아서 보자"라고 말했다고 합니다. 그리고 '감각 자극 장난감(Pop it)'은 파악 반사를 없앨 때 저희가 추천하는 방법입니다. 손가락으로 장난감을 눌렀을 때 탱글탱글한 촉감이 재밌어서 아이들 사이에서도 인기가 많습니다. 놀면서 손가락을 많이 사용할 수 있다는 장점이 있습니다. 종류와 형태가 다양하니 아이가 좋아하는 것으로 골라보세요. H는 슬라임 놀이도 했다고 합니다. 또 '곰돌이 걸음으로 시합하기'와 '크로스 댄스'도 틈틈이 했습니다.

이렇게 보면 하루도 빠짐없이 한 것처럼 같지만, 실은 하루에 2분만 했습니다. 시간이 날 때 쉽게 할 수 있는 것들만 했을 뿐입니다. 예를 들면 밥을 다 먹고 나면 '크로스 댄스'를 하고, 텔레비전을 보면서는 뒤로 누워 안기는 놀이를 하고, 양치질할 때는 세면대 주변에 둔 밸런스 쿠션에 올라갔습니다.

이렇게 약 8개월 정도 꾸준히 하자 H의 재능이 폭발하기 시작했습니다. **양손으로 피아노를 칠 수 있게 되었고, 발음도 정확해졌습니다.** 게다가 아이가 먼저 "컴퓨터 시험 자격증을 따고 싶어요"라고 말하고 나서, 초등학교 1학년이 보란 듯이 컴퓨터 자격증을 땄습니다. 또한 H는 예전에는 계산 실수가 잦았는데, 파악 반사가 사라지면서 **계산의 정확도가 높아져 수학에 대한 자신감도 붙었습니다.**

자유형 자세에서 호흡을 잘하지 못해서 가라앉던 아이가 지금은 1,000미터를 40분 만에 헤엄칠 정도로 성장했습니다. 실내화도 신발도 벗겨지지 않고, 반에서는 대표 계주 선수가 되었다고 합니다.

반사가 완전히 사라진 것은 아닙니다. 아직 모로 반사가 남아있어 "준비, 땅" 하는 총소리를 들으면 깜짝 놀랍니다. 크든 작든 원시 반사는 남을 수밖에 없고 완전히 통합하기란 불가능합니다. 그럼에도 불구하고 **아이의 타고난 잠재력을 최대한 끌어낼 수 있습니다.** 이것이 바로 원시 반사를 없애는 뇌간 훈련의 최대 장점입니다.

"하루에 한 가지 동작을 2분 정도만 해도 아이는 달라집니다."

어른의 원시 반사와 부신 피로의 관계

원시 반사는 어른에게도 남아있습니다. 어른의 경우 원시 반사가 남아있으면 바로 눈에 보인다기보다, 부신 피로가 좀처럼 낫지 않아서 알게 되는 경우가 많습니다. 즉, 부신이 더디게 회복되는 사람은 원시 반사가 남아있을 가능성이 있습니다.

부신 피로는 말 그대로 '부신'이 지친 상태입니다. 부신은 호르몬을 만들어내고 분비하는 내분비 기관입니다. 내분비 기관의 종류에는 갑상선, 고환, 췌장, 그리고 뇌에 있는 뇌하수체, 송과채(솔방울샘) 등이 있습니다. 부신은 그중에도 호르몬 분비의 중심 역할을 합니다.

스트레스를 받으면 부신에서는 코르티솔이라는 호르몬이 분비되고 스트레스에 맞서 몸을 보호합니다. 간단히 말하면, 스트레스가 과다하면 코르티솔이 계속 분비되어 부신이 기진맥진해집니다.

현대인 중에는 부신이 피로한 사람이 많습니다. 부신이 피로하면 어수선해지거나, 실수가 많아지고, 쉽게 불안해지며, 외부 스트레스에 취약해집니다. 마음이나 성격의 문제처럼 보이는 이러한 증상은 부신 피로가 원인인 경우가 많으며, 부신을 적절하게 관리하면 좋아지는 경우가 많습니다.

우리 클리닉에는 부신 피로(Adrenal Fatigue) 외래 진료가 있어 부신 피로 환자들이 많이 오십니다. 대개는 증상이 나아지지만 호전되지 않는 환자도 있습니다. 이런 분들을 진찰해 보면 저희 경험상 압도적으로 모로 반사가 남아있는 경우가 많았습니다.

생각해 보면 당연한데, 모로 반사가 남아있으면 늘 긴장하고 불안해서 코르티솔이 계속 소비됩니다. 극도로 긴장한 상태는 아니라서 소비량이 많지 않더라도, 생활하면서 코르티솔이 줄줄 새고 있는 셈이죠. 따라서 부신 피로도 지속됩니다.

코르티솔이 계속 분비되면 해마도 위축됩니다. 즉, 원시 반사의 시작점이 되는 뇌간의 기능이 저하되므로 부신 피로가 더 심해져 악순환의 굴레에 빠집니다.

어른도 긴장을 잘하는 사람, 큰 소리에 깜짝 놀라는 사람, 예정대로 일이 진행되지 않으면 불안해하는 사람, 병원에서 혈압을 측정하면 높게 나오는 사람, 자동차 등에 타면 멀미하는 사람은 모로 반사, 바빈스킨 반사, 긴장성 미로 반사가 남아있을 가능성이 있습니다.

부신이 피로해서 원시 반사가 남아있는 것인지, 원시 반사가 남아있어서 부신이 피로한 것인지, 사실 양쪽 모두 가능성이 있습니다. 이 책에서 다룬 일상에서 할 수 있는 놀이 훈련은 아이뿐만 아니라 어른에게도 효과가 있습니다.

원시 반사가 남아있을 가능성이 있다면, 아이들과 함께 놀이 훈련을 꾸준히 해보세요.

> 에필로그

뇌간 훈련의 효과를 높이는 핵심 3가지

1. 원시 반사는 나무뿌리와 같다

남아있는 원시 반사 때문에 힘들어하는 아이들, 인생이 괴로운 아이들을 위한 놀이를 통해 원시 반사를 없애는 방법을 지금까지 살펴보았습니다. 그런데 아이의 성장을 위해서는 필요한 것이 또 있습니다.

아이의 성장을 큰 나무에 빗대어 이야기해 보죠. 큰 나무뿌리는 원시 반사에 비유할 수 있습니다. 원시 반사는 그야말로 토대입니다. 뿌리가 굵고 길며 단단하게 뿌리내릴수록 아이의 능력은 발휘됩니다. 그 능력은 어떤 가지가 뻗어나가고, 어떤 잎이 자라며, 어떤 열매가 맺히며, 어떤 꽃이 피는지 아이의 개성에 따라 달라집니다. 물론 유전적 요인도 있습니다.

사실 어떤 나무든 근사하게 자라겠지요. "이렇게 작은 열매만 열리다니!", "다른 열매면 좋았을 텐데" 등 어른들은 자기 좋을 대로 말하지만, 어떤 나무든 반드시 성장하고 열매를 맺습니다.

멋진 열매일지, 아름다운 잎일지는 알 수 없습니다. 좋고 나쁨의 문제가 아니라 나무가 다르면 저마다의 잎이나 열매도 달라지니까요. 문제는 나무가 자기만의 고유한 능력을 충분히 발휘하지 못할 때입니다. 아무리 좋은 씨앗이고, 멋진 나무가 될 가능성이 있어도 뿌리가 썩어있으면 열매는커녕 무럭무럭 자라지도 못할 겁니다. 따라서 단단히 뿌리내리는 것이 중요합니다.

엄마 배 속의 태아로 있을 때부터 원시 반사는 생깁니다. 아기가 태어나고 원시 반사를 반복해서 사용하고, 놀면서 통합하여 단단히 뿌리내리게 됩니다. 그런데 지금은 원시 반사를 통합하는 놀이의 기회가 급격히 줄어들었습니다. 아무리 좋은 씨앗도 자라지 않으면 의미가 없습니다.

자녀에게 아무리 대단한 잠재력이 있어도, 부모가 이를 알지 못해 능력을 발휘할 기회를 놓치면 그대로 일생이 끝날지도 모릅니다. 그러니 의식적으로 놀면서 원시 반사를 통합하는 움직임들을 꼭 따라 해보세요.

2. 아이가 성장하는 환경과 성장하지 못하는 환경

뿌리를 단단히 내린 후에는 어떻게 하면 될까요? 나무가 무럭무럭 크려면 햇빛, 비, 양분이 있어야 하듯이 아이에게도 적절한 환경과 영양이 필요합니다. 아무리 좋은 뿌리여도 좋은 영양과 환경이 뒷받침되지 않으면 메마릅니다. 우리가 흔히 말하는 식사나 생활 환경이지요.

① 몸에 염증을 일으키는 음식은 되도록 먹지 않는다

몸에 염증을 일으키는 음식은 되도록 '먹지 않는 것'이 핵심입니다. 구체적으로 보면 다음과 같습니다.

- 글루텐
- 카세인
- 당질

글루텐은 밀 단백질을 말합니다. 밀가루에 물을 부어 반죽하면 쫀득해지는 바로 그 성분입니다. 빵이나 파스타, 라면,

우동, 피자, 케이크, 도넛, 쿠키, 만두피, 튀김옷, 카레나 스튜 루까지, 온갖 식품에 들어 있습니다. 카세인은 유제품에 함유된 단백질을 말합니다. 우유나 요구르트, 치즈나 버터, 생크림 등에 들어 있습니다.

글루텐이나 카세인은 면역력과 영양 흡수와 관련 있는 소장 점막에 상처를 내 염증을 일으킬 위험이 크다고 알려져 있습니다. 이 염증 자체가 아이가 산만해지는 등의 문제를 일으킵니다.

염증은 화재와 같습니다. 몸속에 염증이 생기면 산만해지는 등 어떠한 영향을 확실히 받습니다. 어른보다 몸집이 작은 아이는 그 영향이 훨씬 크겠죠.

당질도 소장 점막에 염증을 일으킵니다. 빵이나 밥 등의 주식을 비롯해 초콜릿 등의 과자나 청량 음료수같이 아이가 좋아하는 단 음식에 들어있습니다. 또 글루텐이 함유된 식품 대부분에도 당질이 들어있습니다. 단것을 좋아하고, 빵을 좋아하고, 유제품을 좋아하는 아이는 주의가 필요합니다.

소장 점막이 손상되는 식사를 해서 장벽에 구멍이 생기면 장누수 증후군(Leaky Gut Syndrome)이 일어납니다. 그러면 유해 물질이 혈류를 타고 뇌에 도달해 뇌 누수(Leaky Brain) 상태가 됩니다. 뇌에 유해 물질이 침투하면 뇌 안에도 염증이 일어나 뇌 신경계에 문제가 생길 가능성이 있습니다. 그러면 원시 반사가 계속 남아 통합이 어려워집니다.

하지만 글루텐이나 당질을 아이들 식사에서 완전히 배제하기란 현실적으로 불가능합니다. 대신 간식과 단 과자를 먹는 양을 줄이거나, 먹는 횟수를 줄이는 방법도 있습니다. 글루텐과 카세인을 2~3주간 먹지 않고 지내면, 집중력이 높아지고 지금 겪는 증상들이 나아지는 것을 알 수 있습니다.

이렇게 하기 어렵다면 빵에서 밥 위주의 식사로 바꿔보세요 (쌀도 당질이라 적당한 양을 드세요). 아침에 토스트나 요구르트를 먹었다면 밥과 된장국으로 바꾸고, 면류는 피하고 주먹밥으로 바꿔보세요. 유제품 대신 두유 제품을 마시는 방법도 있습니다. 기본적으로 밥과 반찬 위주로 먹으면 문제없습니다.

초등학생은 대부분 점심을 급식으로 먹을 테니 아침이나 저녁만큼은 이런 사항들을 주의해서 식단을 구성해 보세요.

② 독소가 되는 음식을 먹지 않는다

두 번째는 독소를 먹지 않는 것입니다. 넓은 의미에서 글루텐이나 카세인도 '독소'라고 할 수 있지만, 여기서는 미코톡신(곰팡이 독)을 살펴보겠습니다. 미코톡신은 몸은 물론 뇌에도 나쁜 영향을 미치는 대표적인 독소로, 눈에 보이는 곰팡이가 아니라 곰팡이가 만들어낸 생물 독소입니다.

커피, 밀, 견과류, 건조된 과일 등 해외에서 들어온 수입품에 곰팡이 독이 있을 위험이 크다고 알려져 있습니다. 아이가 좋아하는 스낵 과자나 정크 푸드에도 곰팡이 독이 다량 있습니다. 정크 푸드는 가성비를 위해 저렴한 밀을 사용하는 경우가 많은데, 이 밀에는 미코톡신이 붙어있습니다. 주스에 들어 있는 '콘 시럽, 과당 포도당 혼합 액당'에 사용되는 콘도 곰팡이 독이 있을 위험이 상당히 큽니다.

현대인의 식생활은 필수 영양은 부족한데 유해 물질은 점점 쌓이고 있습니다. 이대로라면 뇌도 몸도 원활하게 기능하지 못합니다. "아이들은 어른보다 독소가 많이 쌓여있지 않겠죠?"라고 생각하는 부모도 있을 텐데 사실 그렇지 않습니다.

과장된 말이 아니라 지금의 아이들은 정말로 독소로 범벅되어 있습니다. 아기의 제대혈(탯줄에 있는 탯줄혈액)에서 200종류의 독소가 관찰되었다고 밝혀졌습니다. 게다가 이 데이터는

2005년에 나왔습니다. 지금은 더 많아졌겠죠. 아이는 엄마 배 속에서부터 독소에 노출됩니다.

미코톡신은 뇌에 나쁜 영향을 미친다고 했는데, 구체적으로는 주의력이 없고, 부주의한 실수를 많이 하며, 똑같이 생긴 글자나 영어가 다른 모양으로 보여 틀리는 등 이른바 학습 장애(특히 난독증)의 배경에는 곰팡이 독이 숨어있는 경우가 많습니다.

곰팡이 독은 배설이 잘 되는 사람과 그렇지 않은 사람이 있을 정도로 개인차가 큽니다. 아이가 만약 곰팡이 독이 배설되지 않는 유형인 경우, 글자를 잘 외우지 못하는 이유가 부주의해서가 아니라 곰팡이 독 때문일 수도 있습니다.

야뇨증도 곰팡이 독의 영향 때문인 경우가 있습니다. 미코톡신은 뇌의 시상하부나 뇌하수체에도 영향을 미칩니다. 인간에게 있는 항이뇨 호르몬은 뇌하수체에서 분비되어 소변량을 줄이는 작용을 하는데, 미코톡신이 뇌하수체에 영향을 미치면 그 작용이 잘 이루어지지 않아 야뇨증이 오래 지속될 수 있습니다.

야뇨증은 갈란트 반사가 남아있어도 생길 수 있다고 설명했습니다. 어떤 한 증상의 원인은 반드시 한 가지가 아닙니다. 곰팡이 독을 배설할 수 있어도 원시 반사가 남아있는 아이, 두 요인의 영향을 모두 받은 아이 등 여러 경우가 존재합니다.

집에서 여러 시도를 해보면서 증상이 호전되는지 관찰하는 수밖에 없습니다. 그러나 원인이 무엇이든 간에, 식사나 생활환경을 재정비해서 나쁠 건 하나도 없습니다.

글루텐, 카세인 등도 독소에 가깝다고 설명했는데요, 아이가 어떤 독소와 맞지 않는지, 그 독소에 얼마나 취약한지는 아이마다 다릅니다. 가공식품은 되도록 피하고, 원재료 그대로 먹을 수 있도록 노력만 해도 달라집니다.

간식이 사라진 생활은 너무 삭막해서 우리 집 아이들은 고구마튀김 스틱이나 두유 아이스크림, 화학조미료가 없는 쌀과자 등을 간식으로 먹이고 있습니다.

③ 독소를 최대한 많이 배출한다

매일의 일상에서 최대한 많은 독소를 배출할 수 있는 환경을 조성하는 일도 중요합니다. 간단한 방법은 목욕입니다. 샤워로 끝내지 말고, 욕조에 몸을 담그고 충분히 땀을 흘려야 합니다. 요즘은 땀을 흘리지 않는 아이들이 늘고 있습니다. 적어도 목욕 시간만큼은 다 함께 욕조에 몸을 천천히 담그고 땀을 흘려 보세요.

해독에 좋은 음식을 의식적으로 먹는 방법도 있습니다. 약미, 향미 야채, 허브, 향신료 등은 해독 작용이 있는 식재료입니다. 파, 생강, 시소(차조기), 양하(일본 생강) 등의 약미류, 마늘, 양파, 파슬리, 박하, 바질, 고수, 강황 등이 있습니다.

그리고 해독의 효과를 높이는 성분이 바로 황 성분(유황 화합물)입니다. 마늘, 부추, 양파뿐 아니라 무, 고추냉이, 양배추, 실파, 락교, 대파 등에도 들어있습니다. 황 성분에는 미코톡신을 배출하는 작용도 있습니다.

향신료나 허브류는 뇌의 상태도 조절합니다. 로즈마리, 오레가노, 코리앤더, 커큐민, 세이지, 타임, 후추, 월계수, 시나몬 등이 있죠. 하지만 약미나 허브, 향신료류는 아이들이 별로 좋아하지 않고 잘 먹지 않습니다.

저는 아이들에게 간단하게 수프를 만들어줍니다. 카레에 넣는 방법도 좋습니다. 시중에 판매되는 카레 루에는 글루텐이 들어있으니 카레 파우더나 심황(터머릭)을 사용해 농도가 연한

수프 카레를 만들면 아이들이 맛있게 먹습니다. 레몬이나 수박도 해독 작용이 뛰어납니다. 여름철에는 수박도 먹거나, 물에 레몬즙을 몇 방울 떨어뜨려 무가당 탄산수와 섞어 마시기도 하죠.

아이들을 독소로부터 보호하기 위해서라도, 좋아하는 음식들로 자연스럽게 독이 배출되는 몸을 만들어주고 싶은 마음입니다.

3. 최선을 다해 놀아주자

이 책에 나온 원시 반사를 없애는 뇌간 훈련 중에 어려운 것은 없습니다. 조금씩이라도 괜찮으니 매일매일 놀면서 꾸준히 해보세요.

이전 세대의 아이들은 산과 들에서 뛰어놀거나, 놀이터에서 놀이기구를 타고 마음껏 놀았기 때문에 밖에 있는 시간이 많았습니다. 따라서 원시 반사를 충분히 사용하여 원시 반사가 남아있는 아이들이 그리 많지 않았습니다.

그런데 지금 아이들은 밖에서 노는 일이 확연히 줄어들었습니다. 학원에 다니고 공부하느라 바쁘고 부모도 아이와 놀 시간이 없을 정도로 바쁩니다. 친구들도 바빠서 같이 놀 시간이 없습니다. 원시 반사를 충분히 사용하지 않아 나무뿌리가 단단히 내리지 못한 상태인 것이죠.

원시 반사가 통합되지 않아 무서움이 많거나 잘 긴장하거나 불안해하는 아이들이 늘고 있습니다. 또 ADHD 등 발달 장애로 분류되는 병명을 진단받는 아이들이 많을 것으로 생각합니다(소위 그레이존으로 불리는 아이들 대부분도 그럴 것입니다). 이는 지금의 교육이 바뀌어서가 아니라 몸을 움직이지 않는 아이가 늘어남에 따라 원시 반사를 통합할 수 없게 되었기 때문입니다.

아이들은 원래 짐승처럼 젖 먹던 힘을 다해 실컷 놀아야 합니다. 적어도 초등학교에 들어가기 전까지는 온몸이 새까매질 때까지 몸을 써서 지칠 때까지 노는 일이 가장 중요하다고 생각합니다.

현재 미국의 시각 치료(vision therapy)에서 말하는 두 눈으로 사물을 제대로 볼 수 있는 시기는 8~9세입니다. 즉, 이 시기 전에는 아무리 책을 읽게 하려고 해도, 두 눈으로 보지 못하기 때문에 아이가 굉장히 피곤해한다고 합니다. 책을 좋아하는 아이는 논외로 두고, 책을 읽지 않으려는 아이는 7세 정도까지는 억지로 읽지 않아도 괜찮다고 말하는 선생님도 있을 정도입니다.

어릴 때 실컷 놀아본 아이는 몸도 마음도 아주 튼튼해집니다. 실제로 초등학교 저학년이 될 때까지 책도 읽지 않고 공부도 전혀 하지 않고, 계속 놀기만 하던 아이가 고학년 때부터 공부하기 시작하더니 놀라울 정도의 집중력을 발휘했다는 이야기도 들었습니다. 머리가 좋고 나쁨보다도 어떤 어려운 문제가 있어도 포기하지 않고 도전하는 정신력이 길러진 것입니다. 아이는 추진력과 정신력으로 공부하던 아이들을 눈 깜짝할 사이에 따라잡고 앞질러 버립니다. 이렇게 되면 이제 더는 두려울 게 없죠.

학교 운동부에 들어가 매일 연습만 하느라 공부는 뒷전이었던 아이가 운동을 그만두고 갑자기 입시 공부를 시작하더니 놀라운 집중력으로 멋지게 합격했다는 이야기를 듣곤 합니다. 이 또한 몸을 계속 움직인 덕분에 자신도 모르는 사이에 집중력과 끝까지 해내는 힘이 길러진 덕분일지도 모릅니다.

'근성'이라는 표현이 맞을지 모르겠지만, 노력하는 힘이 있기에 어떤 괴로운 일이나 힘든 일이 생겨도 극복할 수 있을 겁니다. 어린 시절부터 많이 놀아본 아이라면 더욱 그렇습니다.

단단한 나무뿌리에 자유롭게 뻗은 가지와 잎사귀가 있는 나무와 같습니다.

단단히 뿌리내리지 못한 아이는 열심히 공부해서 명문 학교에 입학하더라도 게임 중독으로 게을러지거나, 더는 노력할 힘이 없어 번아웃이 오고 중도에 포기하는 경우도 있습니다.

원시 반사는 대뇌, 소뇌, 뇌간 중 뇌간에 의한 반응이라고 설명했습니다. 뇌간은 오래된 뇌, 대뇌는 새로운 뇌라고 부르기도 합니다. 원시 반사를 담당하는 오래된 뇌, 즉 뇌간을 충분히 사용해야, 창의적인 기능을 담당하는 새로운 뇌인 대뇌를 비로소 제대로 쓸 수 있습니다.

원시 반사가 잘 통합되어 있으면 대뇌를 마음껏 집중적으로 오래 사용할 수 있습니다. 그렇게 되면 진정한 의미에서 단단한 아이가 됩니다. 반대로 원시 반사가 통합되지 않으면 창의적인 활동이나 열정을 쏟아내는 일을 이루기 어렵습니다.

예를 들어 "책을 더 읽으면 내일 일어나기 힘드니까 이제 잘까?", "지금 굉장히 재밌는데 내일 일정을 생각하면 이제 돌아가야겠어"라고 판단하는 것은 대뇌의 전두전야의 작용입니다. 하지만 전두전야가 이런 식으로 냉정하게 판단하고 소심해지면 오히려 아이가 폭발적으로 열정을 쏟아내는 행동을 하지 못합니다.

어른이라면 몰라도 아이들조차 이렇게 다음 날을 걱정하며 불안해하는 일이 점점 많아지고 있습니다. "너무 재밌어서 죽겠어요"라며 몰입하고 에너지가 방전된 것처럼 곯아떨어지는 아이가 지금은 굉장히 드뭅니다.

게다가 코로나19 이후로 활동도 제한받고 있습니다. 원시 반사가 잘 통합되어 있다면 무언가를 끝까지 해내는 즐거움이나, 실컷 놀았을 때의 만족감을 느낄 수 있었을 텐데 그마저도 할 수 없는 것이죠. 감염이 걱정돼 "다른 사람과 접촉하면 안 돼", "그거 만지면 더러워", "집에만 있어야 해" 같은 금지하는 말들뿐입니다. 당분간은 원시 반사가 남아있는 아이들이 계속 늘어날 것 같습니다.

끝으로

아이와의 스킨십이 적어지고 아이들끼리 충분히 놀 기회가 줄어든 요즘 같은 시대에 이 책을 내는 의의는 크다고 생각합니다. 의식적으로 뇌간 훈련을 놀이처럼 해보세요. 저희가 강조하고 싶은 말은 지금의 아이들이 과거에 비해 나약한 것이 아니라는 겁니다.

원시 반사가 통합되어 있지 않으면 당연히 겁이 많아지고 불안감도 생깁니다. 아이들이 소심하다거나 패기가 없다는 뜻이 아닙니다. 원시 반사가 통합되면 연약한 아이는 성장할 수 있지만 그렇다고 맹목적인 훈련이 좋다는 의미는 아닙니다.

자, 엄마와 아빠가 나설 차례입니다. 책에서도 보았듯이 긍정적인 말투를 사용해 주세요. 엄마, 아빠의 마법의 말로 아이에게 안정감과 자기 긍정감을 선물해 주세요.

원시 반사가 남아있는 아이는 늘 긴장감과 불안감 속에서 살고 있다고 여러 번 말했습니다. 부모의 다정한 말은 "나는 마음이 편안하고 안전해", "나는 보호받고 있어"라는 느낌을 주기 때문에 원시 반사가 더 효과적으로 통합됩니다.

메이저 리그의 오타니 쇼헤이 선수는 어릴 때부터 몸을 움직여서 원시 반사가 통합되었겠지만, 이 한 가지 이유 때문만은 아니었을 겁니다. 부모의 긍정적인 말에서 안정감을 느끼고, 뇌를 올바르게 사용하는 방법도 자연스럽게 알게 된 게 아닐까요?

세계적으로 최고의 자리에 오른 운동선수들은 모두 그러리라 생각합니다. 그러니 실력을 100% 발휘할 수 있는 거겠지요.

인간이 진화했기 때문이 아닙니다. 인간은 원래 엄청난 실력을 발휘할 수 있습니다. 하지만 누구나 오타니 선수가 되지는 못합니다. 원시 반사 통합과 올바른 식사, 긍정적인 말 등의 조건이 충족되면 아이의 고유한 재능이 온전히 발휘될 겁니다.

부모가 이것을 아는가, 모르는가로 공부나 운동뿐 아니라 아이의 인생 자체가 바뀔 수도 있습니다. 그런 의미에서 결코 바람직한 흐름은 아니지만, 앞으로는 사회 격차가 점점 더 심각해질 가능성도 있습니다.

　그러나 저희가 바라는 것은 그런 것이 아닙니다. 이 책에 나온 방법들을 조금만이라도 실천한다면, 부모는 아이의 꿈과 가능성을 짓밟는 존재, 드림 이터(Dream Eater)가 되지 않을 겁니다. 돈이 거의 들지 않고, 배우러 다니지 않아도 할 수 있는 간단한 것들만 소개하고 있으니 부디 할 수 있는 것부터 하나씩 시도해 보세요.

　인생에 좋고 나쁨은 없다지만 만약 아이의 인생이 그라데이션처럼 변화하고 성장할 수 있다면, 100의 가능성이 있는 인생과 0에 가까운 인생 중 어떤 길로 나아가게 하고 싶나요?

　부디 아이들이 적극적인 마음은 물론 희망과 생기가 넘치는 인생을 걸어 나아가길 진심으로 바랍니다.

혼마 료코, 혼마 류스케

아이의 두뇌를 자극하면 성장이 달라집니다

초판 1쇄 인쇄 2025년 6월 25일
초판 1쇄 발행 2025년 7월 7일

지은이 혼마 료코, 혼마 류스케
옮긴이 명다인
펴낸이 심정섭

편집장 정효진
디자인 반짝공
마케팅 안영배, 김호현, 신재철
제 작 정수호

펴낸곳 (주)서울문화사
등록일 1988년 12월 16일 | **등록번호** 제2-484호
주 소 서울특별시 용산구 한강대로 43길 5
편집문의 02-791-0795
구입문의 02-791-0708
메 일 book@seoulmedia.co.kr

ISBN 979-11-7371-901-1 (03590)

- 책값은 뒤표지에 있습니다.
- 잘못된 책은 구입처에서 교환해 드립니다.
- 저작권법에 보호를 받는 저작물이므로 무단전재와 무단복제를 금지합니다.